Merkwürdige Geschichten eines Reihenhäuslers

Der Autor

Heinrich Labentsch wurde am 15. Dezember 1937 in Bremen geboren.

Wie viele andere junge Männer auch, die mehr räumliche Freiheit verlangten, heuerte er bei der Reederei des norddeutschen Lloyds in Bremen an und fuhr auf den Handels- und Passagierschiffen dieses renommierten Unternehmens mehrere Jahre zur See. Es war sein Ziel, Technischer Offizier zu werden. Die harte Ausbildung an Bord und das Studium an der Hochschule für Technik in Bremen brachten das auch fertig.

Diese Laufbahn beendete er aber, weil ihm zum Glück ein hübsches Mädchen aus Bremerhaven über den Weg lief. Die junge Familie zeigte sich mobil und wanderte ins Rheinland aus. Sie wuchs gedeihlich und besteht aus nunmehr vier Personen, die sich inzwischen als erwachsene Menschen tapfer gegen die Unbilden der Welt durchsetzen. Er selbst begann eine neue berufliche Karriere als Diplom-Ingenieur – sozusagen an Land – in verschiedenen Unternehmen des Maschinenbaus. Mit dem Ende des zwanzigsten Jahrhunderts sagte er dem Berufsleben ade und versucht nun Gedanken in Wörter, Wörter in Sätze und Sätze in Geschichten zu fassen.

Heinrich Labentsch

MERKWÜRDIGE GESCHICHTEN EINES REIHENHÄUSLERS

Weitere Informationen über den Verlag und sein Programm:
www.buchmedia-publishing.de

April 2019

Umschlag und Satz: Franziska Gumpp
Gesetzt aus der: Adobe Carlson und der Oxygen
ISBN 978-3-95780-158-6

Das Buch erschien im Jahr 2000 unter demselben Titel
in einem anderen Verlag.
Der Autor nutzte zu dieser Zeit noch das Pseudonym Hego Laben.

Buch&media GmbH
Merianstraße 24 · 80637 München
Tel.: 089 139 290 46 · E-Mail: info@buchmedia-publishing.de

VORWORT

Kleine alltägliche Ereignisse, unscheinbare Tiere und Pflanzen, der Wechsel der Jahreszeiten aus dem Blickwinkel eines Menschen, dem der Beruf über Jahrzehnte Augen und Ohren für diese Welt verschlossen hatte, aber auch der Verdruss über politischen Vandalismus, über den wachsenden Egoismus der Gesellschaft und über behördliche Arroganz sind mir die nachfolgenden Geschichten wert.

Ein wenig Sarkasmus ist dabei nicht ganz zu vermeiden.

Wenn es nun gelingt, die Leser für die angeblich weniger wichtigen Dinge des Lebens zu interessieren, wenn bestimmte – von Mitmenschen verursachte – Trends kritischer gesehen werden, wenn am Ende ein kleines, nachhaltiges Schmunzeln bleibt, dann war das Schreiben nicht vergebens.

INHALT

DAS JAHR FÄNGT MIT DEM FRÜHLING AN

Im Vergleich zu den wirklichen Nordlichtern in den kalten Regionen Skandinaviens, die tatsächlich eine längere Zeit im Jahr in tiefster Finsternis zubringen müssen, geht's uns im Winter ja noch gut, wenn auch das Tasten und Grapschen in der dunklen Jahreszeit den meisten Menschen auf den Geist geht.

Dieses anstrengende Leben wird im Frühling unterbrochen, weil man schon für einige Minuten die Türen offenhalten kann. Die frische Luft, die dann hereinströmt, wird zunächst als sehr unangenehm empfunden, stört sie doch in einem erheblichen Maße das gemütliche – weil sauerstoffarme – Klima der Räume, in denen wir uns im Winter aufgehalten haben.

Auch das Fernsehen, welches der ökonomisch gebildete Mensch gerne als ständige Zusatzheizung nutzt, bekommt jetzt hin und wieder eine Ruhepause verordnet.

Nicht nur, dass man die Frühlingsluft ins Haus, Auto und andere geschlossene Behälter hineinlässt, nein, Man(n) und Frau wagen sich schon mutig in die freie Natur, die allerdings so frei nun auch wieder nicht ist. Aber das ist ein anderes Thema.

Menschen sehen sich wieder und sehen sich wieder an.

Wenn ich soweit bin, dass ich den ersten Schritt ins Freie wage und Leute entdecke, die mir irgendwie bekannt erscheinen, gehe ich hin und stelle mich artig vor. Dabei hoffe ich, die Namen der mir gegenüberstehenden Menschen auch zu erfahren, denn es könnten ja meine nächsten Nachbarn sein, die ich bereits vergessen hatte, weil – man sieht ja im Winter niemanden!

Der Rollladen am großen Terrassenfenster wird auch wieder hochgezogen. Eine unbekannte Landschaft blickt einen durch das verstaubte Fenster an. Erschüttert wende ich mich dann meistens ab. Dieses verkommene, unkultivierte Stückchen Erde kann doch wohl nicht mein Eigen sein. Die Kontrolle in den immer parat liegenden Grundbuchunterlagen belehrt mich mit der ganzen Grausamkeit des menschlichen Daseins: Das Stückchen Erde gehört mir und zum Teil auch noch der Hypothekenbank und will bearbeitet werden, weil sonst die Enteignung wegen vorsätzlicher Vernachlässigung droht.

Vielfach stellt sich dann bei mir die Frühjahrserkältung ein. Sicherlich eine Folge des visuellen Schockerlebnisses.

Glücklicherweise machen sich ausgleichend die Säfte des Frühlings bemerkbar. Das darf jetzt aber nicht wörtlich genommen, sondern muss im poetischen Sinne gesehen werden.

Lust und Laune steigen (bitte den vorgenannten Hinweis beachten).

Mit einer wieder erwachten Fröhlichkeit versuche ich, meine lieben Nächsten für die Arbeiten im frühlingshaft duftenden Garten zu erwärmen. Meistens aber ohne erkennbaren Erfolg.

Ganz anders die Aktivitäten in den Nachbargärten. Mit Schwung und Elan gehen diese Leute dem braunen verwelkten Zeug zu Leibe. Beim Nachbarn zur Linken bearbeitet der Schwiegervater, der extra aus Lüneburg anreiste, einem Berserker gleich, die kläglichen Überbleibsel der Flora. Im Garten zur Rechten werkelt eine Gruppe Jugendlicher wie von Sinnen, weil der schlitzohrige Nachbar seinen veralteten Personalcomputer als ersten Preis für den Gewinner des Wettbewerbs zur ökologisch biologischen Kleingartengestaltung unter Berücksichtigung der besonderen klimatischen Bedingungen bei kleinen Reihenhausgärten ausgesetzt hat.

Ideen sollte man haben.

Ich habe keine und muss folglich alles selbst machen. Darum stehen meine gut gelaunten, weil arbeitsfreien Nachbarn am Gartenzaun und geben mir bereitwillig nicht verlangte Ratschläge.

Als Erstes steht die Räumung der Terrasse an. Da muss ich mit der Sackkarre und dem schweren Blumenkübel über den Rasen und erfahre dabei, dass sich dieser unter der harmlos wirkenden Oberfläche in ein tiefes Moor- und Sumpfgebiet verwandelt hat.

Bis zu den Knien sacke ich ein, rette mich nur durch geistesgegenwärtiges Hinwerfen, muss allerdings Sackkarre und Kübel aufgeben.

Die Griffe der Transporteinheit, die aus dem Rasen herausragen wie zwei zurückgebliebene Skistöcke im Tiefschnee, werden später das Basisgerüst für das Himbeerspalier. Der Blumenkübel, der nur zum Teil im Untergrund des Rasens verschwand, ragt mit dem Rand und den Resten der Pflanze schräg in die Luft und sieht eigentlich ziemlich blöde aus. Da ich grundsätzlich Arbeit spare und um Ausreden selten verlegen bin, wird alles belassen und als das unvollendete Spätwerk eines leider viel zu früh verblichenen Künstlers ausgegeben, dem ich vor Jahren einmal aus der Gosse half. (»... Gosse helfen«, macht sich bei Nennung von Künstlern immer gut)

Bei der Urbarmachung des Geländes bin ich allerdings um Jahre zurückgeworfen und sollte, wie die Italiener die Pontinischen Sümpfe trockenlegen mussten, meinen Rasen erst einmal mit einer wirksamen Drainage versehen oder auf viel Sonne warten.

Das Warten hat sich gelohnt. Der Boden des Rasens war Ende Mai steinhart und begehbar.

Wenn dann die Terrasse frei von fremden Gegenständen ist und Sonnenstrahlen die vorübergehend mutierte Einheit »Mensch und Gebäude« streicheln, dann registriert auch der eingefleischte Fernsehkonsument eine wohlige Wärme in seinem Inneren. Damit sind nun nicht die Gedärme gemeint, die ohnehin nur noch auf Medikamente reagieren. Nein, die uns umgebende Stimmung, das Flair, das Fluidum des Genius »Frühling« lockt uns in die freie Natur und erweckt temporär vergrabene Gefühle.

Plötzlich erinnert man sich an eine viel zitierte Sentenz der alten Lateiner: »Mens sana in corpore sano.« In einem gesunden Körper (wohnt) ein gesunder Geist!

»Bei den Göttern«, rufe ich regelmäßig aus, beim Anblick meines durch den Winterspeck und anderen Untugenden verunstalteten Körpers, völlig verzweifelt und aus dem frühlingshaften Konzept gebracht. »In diesem Körper ist zwar jetzt viel Platz, aber der Geist, der neue Gefühle erwecken, der das Blut in Wallungen, der die Kraft zum Bäumeausreißen, der neue Lust erzeugen soll, hat wahrlich Mühe, sich in diesem Trümmerhaufen von Altlasten niederzulassen!«

Diese Anwandlung von Selbsterkenntnis gibt mir dann doch zu denken und verschafft mir immerhin so viel Energie, mich mit den unzähligen Diätempfehlungen, die die holde Gattin stets parat hat, auseinanderzusetzen.

Nun sind über Diäten – ich meine die Schlankheitskuren, nicht die ausverschämte Vermögensbildung unserer Politiker – tausende von dummen und schlauen und wissenschaftlichen Berichten geschrieben worden. Ich möchte mich daran nun wirklich nicht beteiligen. Nur so viel habe ich kapiert: Nicht nur die Hersteller der Appetitzügler jeglicher Art verdienen daran, sondern auch alle Verleger von Zeitschriften, die eben auch diese Jahreszeit nutzen, um wieder einmal eine sensationelle, noch nie da gewesene, absolut wirksame Diät anzupreisen.

Auch die Redaktionen der genannten Medien verfahren nach dem ergänzenden Motto: Das Jahr fängt mit dem Frühling und der passenden Diät an …

Für meinen Körper gibt es keine passende Kur der einschlägigen Art. Warum, weiß nur mein Arzt und der ist glücklicherweise an die Schweigepflicht gebunden.

So bleibt mir nichts anderes übrig, als erbärmlich zu hungern.

Tapfer verzichte ich auf diese oder jene Köstlichkeit, trinke regelmäßig Mineralwasser und bringe meine Figur tatsächlich wieder in eine erträgliche Form. Jedenfalls nach meiner Ansicht, wobei ich großzügig die Anforderungen von Jahr zu Jahr zurückschraube.

Treffe ich jemanden, der sagt: »Du siehst aber gut aus«, dann bin ich noch viel zu dick. Wenn sich einer ernst nach meinem Befinden erkundigt, weil ich ja so schlecht aussehen würde, dann bewege ich mich in der Größenordnung von Normalgewicht plus zwanzig Kilogramm. Weitere signifikante Merkmale gibt es nicht, weil es mir noch nie gelang, diese Grenze zu unterschreiten.

Doch der beschworene gesunde Geist findet wieder ein Plätzchen, zwar nur im Parterre, aber immerhin.

Die Welt sieht rosig aus. Ein paar einigermaßen erhaltene Hosen passen wieder. Man bekommt den Blick für das andere Geschlecht erneut geschenkt. Das Lebensalter, das wie eine schwere Last den ohnehin wackeligen Rücken krümmte, tritt in den Hintergrund. Vor Kraft strotzend, zeigt man sich in der Öffentlichkeit.

Weite Reisen, vor Monaten noch eine unüberwindliche Hürde, gewinnen an Realität. Der beiläufigen Bemerkung meiner lieben Frau, wieder einmal nach Düsseldorf (circa Zwanzig Kilometer entfernt) zu fahren, stimme ich zu ihrer völligen Überraschung begeistert zu. Dabei bin ich mir im Klaren darüber, dass zunächst für sie die absolut nicht mehr vorhandene Frühlingsgarderobe beschafft werden muss.

Es macht mir gar nichts aus. Sehen Sie, das bewirkt der Frühling!

DER WONNEMONAT

Ich kann es einfach nicht mit ansehen, wenn sich andere Leute furchtbar quälen, bei der Gartenarbeit im Frühling etwa.

Meistens fahre ich dann weg, um Gemüt und Augen zu schonen.

Das Wetter gleicht einem heiteren Märchen. Da muss es in Italien, dort, wo die Zitronen blühen, ja noch schöner sein. Also nichts wie hin. Die Terrasse wird mir diesen kleinen Ausflug verzeihen.

Gesagt, getan, vierzehn Tage müssen reichen. Dann werden die Nachbarn ihre Gärten wohl bestellt und ich wieder meine Ruhe haben.

In wenigen Tagen sind die fünf Koffer und acht Sicherheitsplastiktüten mit den notwendigsten Klamotten gepackt und losgeht es.

Der Gardasee ist – wie so oft – unser Ziel.

Die Seele jubelt, wenn wir den kleinen Pass oberhalb von Torbole bezwungen haben, und sich vor unseren Augen der See in seiner ganzen Schönheit öffnet.

Altmeister Goethe hat seine Empfindungen bei diesem erhabenen Anblick in herrliche Worte gekleidet, was mir, selbst nach einem dreimonatigen Kursus an der Volkshochschule, nimmer gelingen wird.

Wie immer, wenn wir unser noch nicht erwachsenes Auto durch Torbole treiben, bin ich peinlich berührt, weil ich bis heute keinen Surfkurs belegt habe, und es wage, mit einem quasi nackten Auto ohne repräsentatives Surfgerät auf dem Dach, diese Stadt der halb offenen Neoprenanzüge zu passieren. Blonde, dreijährige Kids (Kinder) aus west- und ostdeutschen Landen spucken, ihre Geringschätzigkeit zum Ausdruck bringend, in Massen vor unserem Auto aus.

Die Orte, die wir auf der weiteren Fahrt in Richtung Garda passieren, grüßen uns dafür wie alte Bekannte. Freie Hotelzimmer gibt es keine mehr. Mindestens fünf der Bundesländer der pluralen deutschen Gesellschaft erlauben sich permanente Schulferien. Außerdem haben die Briten Gefallen an dem See gefunden und scheuen nun nicht mehr die verbale Auseinandersetzung mit den »Germans«, da inzwischen ein gewisser Masseausgleich stattgefunden hat. Den Italienern ist das egal. Sie hängen einfach ein zweites Schild auf. Neben »Deutscher Kaffee« gibt es jetzt auch »English Tea«. Neben »Wurstel« hängt nun »Hotdogs«. Serviert wird meistens das Gleiche.

Italienisch spricht man besser nicht.

In Bardolino, dem Weinort, finden wir noch ein ansprechendes Quartier. »Im März hatten wie hier das schönste Wetter«, schwärmt uns die Dame des Hauses begeistert und mit italienischem Temperament vor. Inzwischen haben wir Mai und es gießt in Strömen.

Es ist uns zum ersten Mal überhaupt gelungen, ein Zimmer mit Seeblick zu ergattern, aber der Blick aus dem Panoramafenster bietet uns einen See, der sich in diesem Augenblick absolut nicht von einem rheinischen Baggersee unterscheidet. Grau in grau!

»Nun seien Sie nicht traurig«, tröstet uns die freundliche Dame wieder, »übermorgen soll es wieder schönes Wetter geben und es wird anhalten!«, verspricht sie emphatisch. Höflich glauben wir das auch.

»Nee, is dat ne fiese Wetter!«, hören wir heimische Klänge aus dem unteren Apartemento. »Hugo, soll isch uns ebbes Schnitzel maaken?«

Offensichtlich ist Hugo einverstanden, denn unmittelbar danach dringt der unverkennbare Geruch panierten Schweinefleisches in höchster Hitze durch das Treppenhaus der Pension in unser angemietetes Gemach.

»Da kannst du sagen, was du willst, in Italien fühle ich mich wie zu Hause!«, heitert mich meine liebe Frau mit ihrer sarkastischen Bemerkung wieder auf.

Zu allem Ungemach verkündet uns das erste Programm des Deutschen Fernsehens via Satellitenempfang: »Anhaltend schönes Wetter in der ganzen Bundesrepublik, Nordseeinseln und Zugspitze eingeschlossen!«

In einer Regenpause huschen wir in die nächste Pizzeria. Dabei haben wir die Wahl entweder nach Bardolino oder nach Garda zu huschen. In beiden Fällen beträgt der Fußweg circa eine Dreiviertelstunde.

Wir lieben die Bewegung am Abend. Außerdem steht das Auto sehr komfortabel in der Tiefgarage. Dort soll es auch bleiben. Schließlich möchten wir uns an den delikaten Weinen der Region laben. Wenn auch unser italienischer Freund Luciano im fernen Turin kennerisch empfiehlt, stets Bier zu einer Pizza zu trinken.

Sowohl in Richtung Garda als auch in Richtung Bardolino passieren wir grandiose Campinganlagen (-plätze kann man dazu schon gar nicht mehr sagen). Eine dichte Hecke verhindert neugierige Blicke von außen, aber die Nase bemerkt es: Schnitzel sind auch hier beliebt. Hin und wieder gestattet eine Lücke in der Hecke den Blick in das pralle und mobile Leben der Campingfreunde. Viele Liebhaber dieser Weltanschauung scheinen die vier Räder des Caravans fest verankert zu haben, sehen aus wie verwurzelte Campingdenkmale. Die Männer und Frauen haben es schon realisiert: ihre eigene Terrasse über lange Zeit im sonnigen Italien!

Was ich nicht wusste: Die Menschen auf den Campingplätzen müssen Uniformen tragen. Zur kühlen Zeit sind Jogginganzüge Vorschrift; zur warmen Zeit, die wir übrigens auch erleben, gehören T-Shirt und Shorts zur vorgeschriebenen Kleiderordnung.

Wer das berücksichtigt, darf sich in den Farben und Schnitt eine gewisse individuelle Freiheit erlauben. Sehr fantasiebegabte Bundesrepublikaner wählen die seltene Farbkombination Schwarz-Rot-Gold.

In Unkenntnis dieser Regel betrete ich, nur um mal zu gucken, das Areal der Anlage. Schon am Eingang werde ich erkannt und abgefangen, habe ich doch eine, wenn auch leichte, Stoffhose an. Man identifiziert mich als geheimen Spitzel einer rührigen Inkassogesellschaft und fordert mich auf, das Gelände unverzüglich zu verlassen. Meine Frau darf bleiben. Trägt sie doch korrekt Jogginghose und -schuhe erkennbaren deutschen Designs. Die Regenjacke wird akzeptiert, schließlich regnet es ja.

Ja, die Freiheit, die sich die Camper erobert haben, führt zu weiteren geistigen Reifen, zur totalen Würdigung von Natur und Kreatur, zur größeren Toleranz, die sie Andersdenkenden gegenüber gerne und eindrucksvoll ausüben.

Der bedauerliche Wettereinbruch zwingt zu nicht geplanten Besuchen umliegender größerer Städte, die sowieso mit Kulturschätzen vollgepflastert sind. In Mantua scheint die Sonne. Auf dem großen Platz vor der Kirche findet ein großer Antikmarkt statt. Zwar wird auch hier viel Schund und Kitsch angeboten, aber die Fülle des Angebotes an wirklichen Antiquitäten überrascht mich. Ich verliebe mich in ein überdimensionales Ölbild einer meisterhaft dargestellten, italienischen Landschaft. Nicht unbedingt billig das Bild, aber noch erschwinglich. Meine Frau wird aufmerksam, weil ich immer wieder um den Verkaufsstand herumschleiche. Der Verkäufer wird ebenfalls misstrauisch. Vermutet in meiner Person wahrscheinlich den widerlichen Nachkommen einer der vielen germanischen Stämme, die damals schon Italien ausraubten und es bis heute nicht aufgegeben haben.

Statt mich – und vor allem meine Frau – mit südländischem Charme von der Genialität des unbekannten Meisters, von der Fülle der Farben, von der Qualität des goldenen Rahmens, von dem niedrigen Preis und der einmaligen Gelegenheit zu überzeugen, sitzt der Kerl da, beäugt mich mit großem Missfallen und macht das Maul nicht auf.

Bei der Anschaffung von Kunstgegenständen zur Ausschmückung der heimatlichen Wohnung benötige ich nämlich die Hilfe und Assistenz neutraler Personen. Während meine Frau den konzentrierten Realismus bevorzugt, neige ich mehr dazu, weiche Romantik mit starkem Ausdruck genialer Naivität an die Wände zu hängen.

Da kann man sich vorstellen, dass unsere Räume ziemlich kahl aussehen.

Auch in diesem Fall wird es nichts. Zur Erinnerung fotografiere ich noch schnell den Verkaufsstand. Das soll den unfähigen Verkäufer zum Abschluss noch einmal richtig ärgern.

Zur Ehrenrettung des italienischen Wetters muss ich aber zugeben, dass es nicht nur regnet, sondern auch ein paar schöne Tage zu genießen gibt. Wir fahren hinaus in die Valpolicella und erfreuen uns an der Natur und der lieblichen Atmosphäre dieser Weinregion.

Gar nicht weit von Garda entfernt, finden wir in der Landschaft der grünen Hügel eine fast einsame, aber tief romantische Osteria in einem alten Landgut. Sie sieht nicht billig aus. Wir beschließen, zurückzukommen und den letzten Abend unseres Maiurlaubs hier kulinarisch zu genießen.

Schöne Tage auch am See. Kleine Badebuchten mit ein bisschen Strand und vielen Steinen werden am Tage stark frequentiert. Am Abend auch. Dann brennen Kerzen und auf den Bootsstegen und in lauschigen Winkeln beweist der Mai, dass er das Attribut der Wonne zu Recht trägt.

Tatsächlich gelingt es, die Osteria, die romantische, wieder zu entdecken. Es ist noch früh, aber man lässt die Fremden ein. Der dekorativ mit Holz gefeuerte Grill hat bereits seinen Betrieb aufgenommen und verbreitet eine angenehme Wärme. Wir sind die ersten Gäste, die vom Gastronom höflich und herzlich in deutscher Sprache begrüßt werden. Man mag seine eigenen, mühsam erlernten Brocken der italienischen Sprache, weil völlig überflüssig, gar nicht anwenden.

Die Tatsache, dass es keine Speisenkarte gibt, spricht für die

Klasse des Etablissements. Freundlich zählt uns der Kellner, dem Leporello gleich, die Vorspeise, die alternativen Hauptgänge mit diversen Beilagen und das abschließende Dessert einschließlich der Getränkeempfehlung zunächst in Italienisch und dann in deutscher Übersetzung auf.

Da wir inzwischen gelernt haben, dass die Diskussion um das zu bestellende Menü der Höhepunkt eines kulinarischen Mahles bedeutet, fragen wir dieses und jenes, lassen uns das meiste noch einmal wiederholen, weil wir es weder in Deutsch noch in Italienisch verstanden haben und entschließen uns am Ende für eine den Ober befriedigende Zusammenstellung.

So was kann auch ins Auge gehen. Wenn Sie sich bei dieser wichtigen Ouvertüre der gastronomischen Oper lediglich für eine Pizza Margeritha entscheiden, so kann ich für Ihr körperliches Wohl nicht mehr geradestehen.

Dass das Bedienungspersonal fehlerfrei deutsch spricht, ist sicherlich Zufall. In dieses abgelegene, wenn auch schöne Gebiet, wird sich kein deutscher, österreichischer oder niederländischer Tourist verirren, da sind wir uns sicher und erwarten um uns herum das fröhliche Palaver der anderen italienischen Gäste, die ja kommen müssen, denn auf fast jedem Tisch prangt das diskrete Schild ›Tavola Riservata‹ oder so ähnlich.

Weitere Gäste finden sich ein. Herzlich vom Gastronom begrüßt und zum Tisch geleitet: »Ich freue mich sehr, dass ich Sie wieder hier begrüßen darf. Seniora, gut sehen Sie aus! Wein wie immer?«

Ein elegantes Paar im besten Alter, in lockerer Trachtenmode gekleidet, findet sich als nächster Gast ein. Natürlich auch alte Freunde jenseits der Alpen. Kurz und gut, wir hören an diesem Abend keine einzige Silbe der klangvollen romanischen Sprache. Lediglich Kellner und Chef des Grills bewerfen sich gegenseitig mit lauten einheimischen Wortfetzen.

Eine ruhige und gepflegte Atmosphäre stellt sich ein. Selbst als ein künstlich erblondeter Jüngling im Alter von schätzungsweise fünfundfünfzig Jahren mit seinen drei superschlanken Models, die alle zusammen das gleiche Alter erreichen mochten, lärmend in die Idylle einbricht, vermag diese Gruppe kaum das Fluidum des Raums zu stören. Nachdem der Ober-Schickimicki, der unüberhörbar einer süddeutschen Großstadt entstammt und dort entkommen sein muss, das kichernde Gefolge an die für ihn reservierten Plätze gebracht hat, kehrt wieder die langweilige Ruhe friedlicher deutscher Gastlichkeit ein.

Es dauert gar nicht lange, da verlassen die ersten Gäste schon wieder die Stätte. Der Herr nimmt seine angebrochene Flasche Wein mit. Da geht mir ein Licht auf. Die Herrschaften wohnen alle ganz in der Nähe auf ihren erworbenen Latifundien und nehmen lediglich ihr abendliches Mahl in der Nachbarschaft ein.

Danach wird es langweilig. Ich will zur Unterhaltung einmal ganz laut »Cameriere« (Kellner) rufen, unterlasse es dann aber doch. Nach dem Bezahlen der Rechnung, die sich durchaus im Rahmen hält, schnappe ich mir demonstrativ die nicht ausgeleerte Flasche Mineralwasser. Meine weise und vernünftige Frau sagt nur lächelnd: »Lass die Flasche stehen, den Landhausbesitzer nimmt dir doch keiner ab.«

GENIALE AMEISEN

Es ist Sommer geworden. Na ja, eben ein deutscher Sommer; nicht ganz so fürchterlich warm wie beispielsweise der in Skandinavien, aber doch so, dass man sich gerne im Freien aufhält. Ich halte mich gerne auf der Terrasse auf. Da habe ich es zum nächstgelegenen Kühlschrank nicht so weit.

Der Terrassenboden besteht aus einfachen grauen Platten, die ich im Schweiße meines Angesichts selber gelegt habe, immer unter der fachmännischen Anleitung und Kontrolle meines ausgewachsenen Sohnes. Nach Vollendung des großen Werks brauchte ich zwei neue Kniescheiben und mein Sohn eine Brille.

Vermutlich haben die im Garten wohnenden Ameisen mit großem Interesse unsere Bau- und ausgedehnten Ruhephasen verfolgt. Bei der Ausführung sind möglicherweise durch verzeihliche Planungsfehler unterhalb der Platten riesige Hohlräume verblieben, die die ansässige kommunale Ameisenverwaltung veranlasst hat, genau dort Sozialwohnungen anzulegen.

So leben wir oberhalb und die Ameisen unterhalb der einfachen grauen Platten. Das gewährleistet eine friedliche Koexistenz.

Nur im Sommer, in dieser besagten Jahreszeit zwischen Ende Juni und Anfang Juli, ist das Gleichgewicht des Lebens auf und unter der Terrasse etwas gestört. Uns Menschen und auch den Ameisen befällt zu dieser Zeit die Sucht, wärmende Sonnenstrahlen direkt auf den Körper einwirken zu lassen.

Das ist verständlich.

Nun kann es sein, dass ich im Lauf der Jahre schwerer geworden bin. Es kann auch sein, dass bei den Ameisen – ähnlich wie bei uns – Pfusch am Bau geleistet wurde, denn offensichtlich stürzen die stark frequentierten Ameisen-aus-und-Eingänge immer wieder ein.

Somit ist eine Servicekolonne der Ameisenbauarbeiter unentwegt dabei, Berge von feinkörnigem Sand an die Oberfläche zu tragen und diese oben, beiderseits der Fugen, sorgsam abzulagern.

Das Zentrum ihrer ordnenden Dienstleistung befindet sich genau an der Stelle, wo normalerweise meine Bierflasche steht. Flaschen stehen nicht sonderlich gut im Sand, viel weniger noch, wenn schon der Untergrund die Form von mehrfach schiefen Ebenen besitzt. Also fege ich sorgsam den Sand wieder in die Fugen hinein.

Die Ameisen mögen über so viel Unverstand den Kopf schütteln, aber sie können sicherlich nicht nachvollziehen, was eine Flasche Bier für einen darbenden Mann auf einer sonnigen Terrasse bedeutet.

Da fragt sich der Praktiker, hat der Kerl denn keinen Billardtisch, Bücherschrank, kein Hochregallager, Sideboard, Büfett oder wenigstens ein altes Bügelbrett auf der Terrasse stehen, worauf Bierflaschen üblicherweise abgestellt werden können?

Nee, hat er nicht! Die Feuchtigkeit der deutschen Winter hält ihn davon ab, schwimmende Gegenstände, mit Ausnahme von Badewannen und Regentonnen, auf freien Flächen aufzustellen.

Das ist ein Grund.

Ein anderer Grund ist das geniale Bauvermögen unserer Ameisen. Ich möchte sie eigentlich nicht veranlassen, von der Tiefbautechnik in die Hochbautechnik zu wechseln. Wie ich die intelligenten Insekten einschätze, benutzen sie die dann herumstehenden Möbel als Basisgerüste für elegante Wolkenkratzer. Man muss ja davon ausgehen, dass auch bei den Ameisen ausländische Spezialisten beschäftigt sind, Afrikaner vom Volke der Termiten beispielsweise.

Nehmen wir einmal an, ich käme den Ameisen entgegen und ergänzte ihre Sanierungsmaßnahmen dadurch, dass ich den herausgetragenen Sand weiter in den Garten transportierte, und ihn dort deponieren würde, wo die Wühlmäuse gerade ihren Swimmingpool anlegen. In diesem Fall ist doch zu befürchten, dass ich eines Tages mitsamt den einfachen grauen Platten der Terrasse, der gesamten Ameisenbevölkerung von Unterplattenhausen (so nenne ich ihre unterirdische Ansiedlung) und meiner Bierflasche in die Tiefe sause, weil kein Sand mehr die Terrasse hält.

Davon hat doch keiner was.

Somit haben wir uns den genialen Leitlinien der Politiker angepasst und handeln nach dem Motto: Keine Veränderung ist auch eine Lösung!

Die Ameisen schleppen den Sand nach oben und ich lasse ihn prompt wieder nach unten rieseln.

Kleine Verbesserungen in der Logistik verschaffen beiden Parteien gewisse Erleichterungen, wobei die Ameisen ihr ausgezeichnetes Kommunikationssystem benutzen. Öffne ich die Terrassentür, was wegen permanenten Ölmangels mit einem fiesen Quietschen verbunden ist, so greift die nette Nachbarin sogleich nach ihrem Handy, weil sie glaubt, ihre Nichte aus Köln rufe wegen der Schwiegermutter an. Das Handy spricht aber gar nicht, demzufolge stampft die schöne Dame vor Unmut mit dem Fuß auf den Boden. Dieses wiederum dumpfe Signal wird sofort in der Ameisenkommunikationszentrale erfasst und unverschlüsselt weitergegeben. Das klingt dann etwa so: »Achtung, Achtung, dringende Meldung an die Abteilung Service. Der Dicke naht! Arbeiten an den Eingängen sofort einstellen! Der Trottel von der Terrasse schmeißt uns den Sand doch wieder auf'n Kopp. Nach Einbruch der Dunkelheit wird weitergearbeitet!«

Dieses kooperative Verhalten führt dazu, dass ich am Tage nur wenige Sandkrümel mit der Pinzette vorsichtig in die Tiefe fallen lassen muss. Versäume ich allerdings einmal den täglichen Terrassenaufenthalt wegen dringender Geschäfte beim regionalen A. oder anderen namhaften Kolonialwarenhändlern, und haben die fleißigen Ameisenfacharbeiter der Nachtschicht Überstunden bewilligt bekommen, dann kann ich vielleicht schaufeln!

PS
Ich habe einen fürchterlichen Verdacht! Ich glaube, die Ameisen lenken mich gezielt ab. Gestern sah ich eine Schwadron dieser anmutigen Tiere unsere mit viel Liebe bedachten Photinia ser-

rulate (Glanzmispel) besteigen. Die Biester züchten und melken ungeniert ihre Blattlausherde, die sie unter den frischen roten Blättern unserer Lieblingspflanze heimlich angesiedelt haben. Ein hinterlistiges Volk.

FRECHE MÄUSE

Dass ich meine Terrasse mit anderen Kreaturen teilen muss, ist mir längst bewusst geworden. Den sozial gerechtfertigten Aufenthaltsanspruch der anderen akzeptiere ich ja inzwischen, wenn auch nur gezwungenermaßen.

Doch was zu weit geht, geht zu weit!

Die Feldmausfamilie, die gleichfalls, sozusagen als Nachbarn der Ameisen, im Untergeschoss wohnte, benahm sich eine Zeit lang mehr als schlecht.

Es machte mir gar nichts aus, wenn sie sich zwischen uns Menschen auf der Terrasse bewegten, also von ihrem Eingang aus über die Terrasse huschten und im großen Gewächs des Pampasgrases ihren Berufen nachgingen. Freunde und Gäste, die wir ab und zu bewirten, reagierten zum Teil sehr befremdet über unsere Toleranz, vor allen Dingen deswegen, weil weder Tisch noch Stühle geeignet sind, um darauf zu springen und »Huch« zu kreischen.

Nein, die Mäusebande benutzte einen Teil der Terrasse, um dort direkt ihre großen Geschäfte zu erledigen, was ich und die ganze Familie einstimmig verurteilten. Es ging nicht an, dass die Mäuse unsere Terrasse als ihre Toilette missbrauchten.

Der Familienrat beschloss zunächst einmal, die betroffene Region intensiv zu reinigen und zu desinfizieren, wobei allgemein die Hoffnung ausgesprochen wurde, dass der penetrante Geruch des Desinfektionsmittels genügen würde, den Mäusen die Lust am Entleeren des Darms zu nehmen. Die Hoffnung trog nicht.

Die Mäuse mieden diesen Ort und wählten einen anderen Platz auf der Terrasse, einen sehr zentral gelegenen mit Aussicht auf den blühenden Garten. Unverdrossen ging ich auch hier, inzwischen fest angestellter Toilettenmann, mit den vorgeschriebenen Hygienemaßnahmen und -mitteln vor, aber die kleinen Vierbeiner gaben diesen Platz nicht auf. Auch eine Intensivierung der Anwendung und Verstärkung der Dosierung des Desinfektionsmittels halfen nichts. Die verstärkten Anstrengungen führten lediglich dazu, dass meine Familie die Terrasse mied und ich mit meiner Bierflasche in den hinteren Teil des Gartens zog, weil der strenge Geruch nicht auszuhalten war.

Mit diesem Zustand konnten wir nicht leben. Somit waren drastische Maßnahmen angesagt, zumal sich die Familie der Mäuse zusehends vermehrte.

Eines Tages lagen, ohne dass sich jemand dafür verantwortlich zeigte, moderne Mausefallen im ökonomischen Zweierpack auf meinem Platz. Damit war ich zum Liquidator bestimmt!

Nachdem ich die für sich werbende und vielversprechende Verpackung entfernt hatte, fand ich Fallen vor, die denen, die ich noch aus der Jugendzeit kannte, verdammt ähnelten und die damals schon nur selbstmordsüchtigen Mäusen gefährlich werden konnten.

Diese, jetzt als modern deklarierten Mordwerkzeuge starrten mich an, hypnotisierten mich nahezu und zwangen mich, die dreiseitige Betriebsanleitung (in acht Sprachen) zu lesen und die Vorbereitungen zum schändlichen Tun zu betreiben.

Widerstrebend machte ich mich ans Werk. Den Rat, Käse als Köder zu wählen, lehnte ich als unrealistisch ab. Ich konnte mir nicht vorstellen, dass Feldmäuse, selbst wenn sie die Nähe von Menschen dulden, in der freien Natur Emmentaler und frischen Gouda vorfinden und dafür Geschmack entwickelt haben. Also wählte ich einen alternativen Speiseplan. In die erste Falle kam frischer Pfirsich und in die zweite kam mit hochwertigen Spurenelementen angereichertes Toastbrot.

Beim Spannen der Feder und Einhaken des Auslösemechanismus kam mir die gesamte Hightechkonstruktion doch suspekt vor, denn als ich aus Versehen mit meinem dicken Daumen auf das Brot drückte, tat sich nichts. Nun glaube ich von Natur aus an die Unfehlbarkeit der Technik und setzte mein volles Vertrauen in das Können der asiatischen Konstrukteure dieser, sicher in der NC-Technik gefertigten, Produkte.

Ein neues Problem tat sich auf.

Ich musste davon ausgehen, dass mindestens drei im Garten bekannte, neugierige Amseln, von anderen unbekannten Gästen wie Igeln, Katzen und so weiter abgesehen, die Fallen besichtigen würden. Bei ihrem gesunden Appetit war nicht auszuschließen, dass sie vom Brot oder vom Pfirsich kosteten. Da sie zwar auch hin und wieder unsere Terrasse als Klo benutzten, aber eben nicht mit Absicht und Methode, erübrigte sich das Fangen von Vögeln mit Mausefallen. Also war ich gezwungen, eine Art Schutzgitter über den Ort der geplanten schaurigen Exekution zu installieren. Lange fand ich nichts.

Bis mich meine Frau in den Keller schickte, um eingefrorenes, von der guten Freundin selbst gebackenes, Brot zu entnehmen. Dabei fand ich im Gefrierschrank die ideale Gitterbox als Mittel des Schutzes vor unbefugtem Betreten des Tatorts.

Keiner in der Familie war böse darüber, dass ich das edle Brot kurzerhand für überfällig erklärte und es einer anderen Verwendung zuführte. Der Gitterkorb kam nach draußen und wurde schützend über die mordgierigen Geräte gestellt. Die folgende Nacht sollte mit ihrer Dunkelheit die hinterlistige Missetat verdecken.

Mit bangem Herzen sah ich am anderen Morgen nach. Keine der Exekutionsapparate hatte ausgelöst. Das Brot war weg. Den wirklich köstlichen Pfirsich verschmähte die Bande. Dass die Fallen nicht funktionierten, konnte Zufall sein. Also füllte ich sie mit dem schon beschriebenen Brot unmittelbar danach am Morgen auf, spannte die todbringende Feder und überließ die Mäuse ihrem Schicksal.

Eine Stunde später war das Brot wieder weg. Die Mordkonstruktionen machten überhaupt keine Anstalten zu funktionieren. Die peinliche Prozedur wiederholte sich mehrmals. Zwischenzeitlich hatte ich mehrere Scheiben des delikaten Toastbrots verbraucht.

Das machte mich nun doch stutzig.

Eine Überführung der unfähigen Apparate in meine nahe gelegene Kellerwerkstatt wurde unumgänglich. Als Resultat der umfassenden Inspektion kam heraus, dass sie wohl von sehr tierliebenden Menschen oder Robotern gefertigt sein mussten.

Nun war ich als Techniker doch bei meiner Ehre gepackt. Die Mechanik der Instrumente wurde entscheidend verbessert. Der anschließende Leerlauftest verlief erfolgreich. Der Fingernagel meines linken Daumens weist heute noch eine tiefblaue Färbung auf.

Im folgenden Freiversuch unter realen Bedingungen war eine entscheidende Verbesserung zu verzeichnen. Die Fallen lösten sicher aus, aber erst, nachdem das Brot verschwunden war.

Es machte den Mäusen sichtlich Spaß, mit dem geklauten Brot in der zierlichen Schnauze, zu beobachten, wie der gefährliche Bügel mit großer Gewalt ins Leere knallte.

Meine peinliche Ratlosigkeit zwang zum messerscharfen Nachdenken, begleitet vom exakten Beobachten mit wissenschaftlicher Genauigkeit.

Es dauerte allerdings eine Weile, bis ich feststellte, dass die Mäuse keine natürlichen Ausscheidungen mehr hinterließen. Da fiel es mir wie Schuppen von den Augen. Ich hatte unbewusst das ursprüngliche Mäuseklosett zu einem Speiseraum umfunktioniert. Da offensichtlich auch die Mäuse nicht gerne im WC frühstückten, hatten sie ihrerseits dieses anrüchige Etablissement vermutlich an einen diskreten Ort verlagert.

Also ließ ich den Quatsch mit dem Fangen sein und fütterte direkt mit dem selbst gebackenen Brot der guten Freundin.

Das haben mir die Mäuse krummgenommen.

Sie sind nach unbekannt verzogen.

DER ENGLISCHE RASEN

Des Menschen größter Besitz, der Geist, muss permanent trainiert werden. Ständig werben Geriater für diese anstrengende Tätigkeit. Warum sie das dauernd tun, sollte auch mal untersucht werden.

Wo aber kann der Mensch seinen Geist besser trainieren als im angenehmen Ambiente einer lauschigen Terrasse mit dem Blick auf die entspannende grüne Fläche des Gartens, die dem arg ramponierten Geist erst die richtige Leere vermittelt, die der Lehre folgend, dann mit neuen, frischen anregenden Gedanken wieder gefüllt werden sollte.

Soweit komme ich nie.

Wenn ich schließlich das Stadium des leeren Blicks erreicht habe, schlafe ich entweder sofort ein, oder aber es beschleicht mich das belastende Gefühl maßloser Übertreibung, weil ich die in meinem diffusen Blickwinkel liegende grüne Fläche hochstaplerisch »Rasen« nenne.

Danach versinke ich meistens auch in einen tiefen Schlaf.

Halte ich einmal diese Regel nicht ein, dann beschäftigt diese Grünfläche höchst einseitig meinen Geist, produziert tatsächlich Gedanken – nicht immer feine – und vor allen Dingen tiefe Scham.

Seit über zwanzig Jahren versuche ich vergeblich, einen original englischen Rasen zu erzeugen, genau nach dem geheimen Rezept, das mein englischer Freund Albert – Gott habe ihn selig – mir unter dem Siegel der Verschwiegenheit anvertraut hat: »Just cut and roll, at least for 200 years.«

Kurz nach dem Säen mit dem besten Grassamen, den die westliche Hemisphäre damals zur Verfügung stellen konnte, nahm die Melde (lat. Atriplex) Besitz von der gesamten Fläche. Als sie die Höhe von fünfzig Zentimeter erreicht hatte, fragte mein Nachbar vorsichtig, ob ich vielleicht die Absicht habe, eine neue Gartenkultur anlegen zu wollen.

Die Frage des Nachbarn hatte schon ihre Berechtigung. Die Melde, ein Gänsefußgewächs mit eingeschlechtlichen Blüten, besaß in früheren Zeiten den Status einer Kulturpflanze, weil die Blätter ein spinatähnliches Gemüse liefern.

Nun, ich war der festen Meinung, Gras gesät zu haben, und konnte dazu sogar Zeugen benennen; Spinat mag sowieso keiner in der Familie, so folgte ich dem Rat des uneigennützigen Nachbarn, der vorschlug, die Melde einfach abzumähen.

Als ich den nagelneuen, mit extra gehärteter Schneidrolle und kugelgelagerten sowie mit roten windabweisenden Antriebsrädern ausgerüsteten Handrasenmäher in das Meldefeld trieb, versagte der kläglich und ließ mich über die ergonomisch geformte, manuelle Bügelschubeinrichtung voll auf die Schnauze fliegen.

Die selbstverständlich folgende Reklamation bei der Landmaschinenhandelskammer fruchtete auch nicht. Die Damen und Herren des ehrwürdigen Instituts blieben standhaft bei ihrer Meinung, mir über den einschlägigen Fachhandel einen Rasenmäher und keinen Meldemäher verkauft zu haben. Man bemerke den feinen Unterschied. Mit diesem niederschmetternden Ereignis begann eigentlich auch meine Rasenneurose.

Irgendwie ist es mir dann doch gelungen, die Melde abzumähen, ohne den empfohlenen australischen Meldeexperten in Anspruch zu nehmen.

Und siehe da, unter der Melde spross das junge frische Gras. Zwar hier und dort nur ein Büschelchen, aber wir waren damals ja mit Wenigem zufrieden. Das allgemein als mager zu bezeichnende Ergebnis kann aber auch an der Qualität des Bodens gelegen haben, den mir die Baugesellschaft in einer einmaligen Sonderaktion als hervorragenden Mutterboden zu einem für sie guten Preis verkauft hatte. Dieses optimale Erdreich besaß und besitzt heute noch folgende Zusammensetzung: 0,02 % Humus, 60 % Lehm, 5 % Rheinkies, Rest Bauschutt.

Der Löwenzahn (lat. Taraxacum), der sehr schnell die freien Flächen im Areal erkannte, nutzte die günstige Gelegenheit, pflanzte sich selbst eiligst hinein und gedieh prächtig. Auch der Löwenzahn, bekannt als oberirdisches Gemüse und unterirdische Arzneipflanze, brachte, so gesehen, weitere Kultur in meinen Garten ein.

Da ich weder etwas mit Löwenzahnsalat noch mit der entsprechenden Wurzelarznei am Hut hatte, auch wegen der fehlenden Apothekerapprobation, entschloss ich mich, den Taraxacum mit Stumpf und Stiel brutal auszumerzen, ihn also auf meinem Grundstück in die Schranken zu weisen. Er, der Löwenzahn, muss das nicht richtig verstanden haben, denn bis heute hat er kaum auf meine Absicht reagiert. Sagen wir einmal: Es steht Remis zwischen uns. Wenn ich im Süden des Grundstücks zwei Pflanzen dieser Spezies mit Erfolg und Arznei tragenden Wurzeln mühsam ausgebuddelt habe, zeigen sich im Norden drei neue, strahlend gelbe Blüten in voller Pracht.

Aber auch andere Pflanzen drängen sich danach, auf meinem Grund und Boden Fuß, beziehungsweise Wurzeln, zu fassen. Lediglich das Gras zeigt keinen besonderen Ehrgeiz. Zur Freude der Bienen oder des geldgierigen anonymen Imkers, der in räuberischer Absicht seine halb verhungerten Tiere auf meinen Rasen treibt, um mich, beziehungsweise die tausendfach vorhandenen Kleeblüten auszusaugen. Diesen so gewonnenen Honig bietet der Kerl dann im Internet an, damit er seine ohnehin schon protzige Villa im Süden Andalusiens nochmals um dreißig Zimmer erweitern kann.

Im späten Frühling zeigt sich das Wiesenschaumkraut mit seinen wunderbaren zarten Blüten von der schönsten Seite. Heerscharen von namhaften Botanikern kommen und staunen und fragen sich, wie es der Gartenbesitzer wohl fertiggebracht hat, auf einem inzwischen knochenharten Boden in extremer Höhenlage des Bergischen Landes, diese Sumpf liebende Pflanze anzusiedeln. Das kann einen schon mit Stolz erfüllen!

Freude, fast das ganze Jahr über, bereitet auch das bescheidene Gänseblümchen, Maßliebchen oder auch Tausendschön genannt. Geschickt duckt es sich, wenn ich mit dem schon bekannten Rasenmäher die ganze Pracht gezwungenermaßen zurechtstutzen muss. Spätestens am nächsten Morgen lächeln mich die kleinen weiß-gelben Blüten wieder an.

Diese liebliche Pflanze mit dem lateinischen Namen Bellis perennis zählt selbstverständlich auch zu den Kulturpflanzen. Heilt sie doch als frische blühende Pflanze oder getrocknet, Hautleiden, Bronchialasthma und hilft gegen Fieber.

Mit Erfolg hat sich auch der Wegerich (lat. Plantago) eingenistet. (Mit der Nennung der lateinischen Namen komme ich in erster Linie unserer Jugend entgegen, die ja mit den altdeutschen volkstümlichen Bezeichnungen nun überhaupt nichts mehr anfangen kann.)

Der Plantago, der Hinweis erübrigt sich schon, zählt natürlich auch zu den Kulturpflanzen. Wie jeder weiß, speichert er doch niedermolekularen Zucker und ist deshalb als Heilpflanze weltweit bekannt.

Nun könnte ein Fremder oder eine Fremdin annehmen, dass ich einen Kräutergarten betreibe nach dem Muster einer berühmten Äbtissin aus früheren Zeiten, damals im schönen Bingen am Rhein.

Das ist keineswegs der Fall. Alle Kräuter und Pflanzen sind freiwillig gekommen. Bis auf das Gras wachsen sie auf einer glatten Ebene, Rasen genannt, einem Kräutergarten eher unüblich. Von Zeit zu Zeit wird die Ebene rasiert. Die Pflanzen kümmert das nicht.

Ehrlich gesagt, ich liebe meinen bunten Rasen, der, wie jetzt auch einzusehen ist, wahrhaftig keine Leere aufweist. Eine Monokultur, wie sie ein richtiger Rasen mit Grashalm an Grashalm letztlich bedeutet, kommt mir inzwischen ausgesprochen langweilig vor.

Offensichtlich hat sich das Gras mit den kulturell höher stehenden Kräutern arrangiert. Es kann schließlich von den botanischen Nachbarn noch eine ganze Menge lernen.

So leben wir alle mit dem Status quo. Ich pflege meine Neurose.

… Weil, das Gras und ich, wir haben noch einhundertachtzig Jahre Zeit, um vollkommen und englisch zu werden.

BREMER UND RHEINLÄNDER

Ich liebe Vorurteile. Man kann so viel mit ihnen anfangen. Und immer sind es die anderen, die mit geballter Kraft getroffen werden.

Gut, als ehrlicher, aufgeklärter und Toleranz übender Mensch, muss man zugeben, dass es Ausnahmen gibt. Dabei fällt es auf: Die rühmliche Ausnahme bildet man immer nur selbst.

Ich bin nun einmal Bremer. Auch meine Eltern wurden in dieser schönen Stadt geboren und waren sehr stolz darauf, genau wie meine Großmutter mütterlicherseits. Die anderen Vorfahren, die zum Zwecke der Familiengründung nun mal notwendig waren, hatten sich aus der näheren oder weiteren Umgebung zur Erfüllung des bereits erwähnten Vorhabens irgendwie eingefunden.

Das heißt nun nicht, dass ich als Ausnahmebremer gelten möchte, wenn wir den Bezug zu den Vorurteilen wieder herstellen wollen, wo es da heißt: »Die Bremer lassen sich gerne die Arbeit aus der Hand nehmen!«

Ich nie!

Bevor mir jemand die im einfachen Volke so geschätzte Tätigkeit aus den Händen reißen konnte, hatte ich sie schon freiwillig abgegeben.

Dann heißt es weiter: »Die Bremer seien arrogant und stur!«

Das kann ich nun wiederum von mir absolut nicht behaupten.

Man kann aber nicht jeden Menschen grüßen und die meisten kennt man ja auch nicht.

Außerdem ist bekannt, dass ausgerechnet die immer neidischen Hamburger diese krassen Fehlurteile über die Bremer gefällt und heimtückisch in den Umlauf gebracht haben. Und die Hamburger hatten es gerade nötig!

Eines Tages fand ich in Bremen allerdings niemanden mehr, dem ich meine Arbeit in die Hand drücken konnte; so musste ich mich nach anderen Domizilen umsehen. Das war gar nicht so einfach, denn Bremen durfte man nur mit dem Schiff verlassen. Daran hatte ich mich auch gehalten, aber die Schiffe brachten mich immer wieder ungefragt an den Ausgangspunkt zurück.

Die Stadt auf dem Landwege zu verlassen, stieß damals auf schon fast unüberwindliche Hindernisse. Es gab am Rande eine Autobahn und wo führte die hin? Nach Hamburg!

Den freiwilligen Auszug eines Bürgers der Stadt sah man ohnehin als eine Art von Landesverrat an. Nur großen Bremern erlaubte man das Agieren in fremder Öffentlichkeit und den längeren Aufenthalt in der Diaspora.

Ich bin leider klein geblieben, aber immer noch von ganzem Herzen ein gebürtiger »Bremer«, wenn auch der eine Großvater um 1900 aus Ostpreußen und der andere Großvater über den kleinen Umweg New York zur gleichen Zeit aus dem Erzgebirge zuwanderte. Nach den strengen Regeln der Hanseaten ist das für mich als Nachkomme allerdings ein signifikanter Schönheitsfehler, mit dem ich halt leben muss.

Bürgermeister der vornehmen Stadt an der Weser wäre ich sowieso nie geworden.

So klopfte ich eines schönen Tages mit meiner kleinen Familie im Auto an den Toren des lebensfrohen Rheinlands an und wurde eingelassen.

Das ist schon sehr lange her.

Wir tauschten das Wasser der Weser gegen das Wasser des Rheins. Und siehe da: Wasser blieb Wasser. Das Baden unterließ man zweckmäßig in beiden Flüssen. Aber die Menschen, welch ein Unterschied!

Meine Angewohnheit, Arbeit gleichmäßig und wohl dosiert, vor allen Dingen ohne viele Worte, in andere Hände zu geben, funktionierte plötzlich nicht mehr so richtig. »Da hann isch nix mi ze donn!«, schmetterte man mir entgegen und ich konnte sehen, wo ich mit der Arbeit blieb. So lernte ich notgedrungen sprechen, was in Bremen als eine völlig überflüssige Tätigkeit angesehen wurde. Man ging dort jedenfalls sehr sparsam mit dieser Ressource um.

Nun musste ich dauernd artikulieren, laut und deutlich sprechen, auf jeden Fall meine rheinischen Gegner von der Notwendigkeit leichter Handreichungen überzeugen, war ständig gezwungen, das Wort ›Arbeit‹) immer wieder neu zu umschreiben. Ich musste lustige, fröhliche Ausdrücke für diese unanständige Tätigkeit erfinden, damit auch meine Kollegen und Mitarbeiter partizipieren konnten und die Tarnung nicht merkten.

Völlig aufgeschmissen war ich jedoch, wenn ich den Begriff ›Termin‹ übersetzen wollte und auch noch die Unverfrorenheit besaß, eben auf Einhaltung desselben zu bestehen.

Nach einem halben Jahr gab ich den Unsinn auf. Danach wurde mir bestätigt, dass ich mich doch offensichtlich gut eingelebt hätte und die Bremer überhaupt doch ganz anständige Leute seien.

Das erste Jahr war fast vorüber, da trat ein, was eintreten musste: der Karneval! Hastig packte ich meine Familie in das immer noch kleine Auto und fuhr, vom Grausen gepackt, mindestens für drei tolle Tage zurück nach Bremen, wo man unsere Rückkehr frenetisch feierte mit einer großen Rede und den fünf inhaltsschweren Worten: »Na, seid ihr wieder da?«

Das passierte noch dreimal, dann nahmen unsere Kinder das Heft in die Hand und feierten Karneval im Kindergarten. Dazu war die Anwesenheit der kostümierten Eltern aus erzieherischen Gründen absolute Pflicht.

Zu dieser Zeit absolvierten wir auch die ersten Sprachkurse: »Sach e mal Blootwosch!«

Ein freundlicher Nachbar mit guten Verbindungen zum ›Kölschen Klüngel‹ und selbst Mitglied im Elferrat eines großen traditionellen Karnevalsvereins erbarmte sich unser, führte uns ein in den Kölner Karneval und in die Prunksitzungen im Gürzenich. Wir säßen heute noch da, wir trügen immer noch die mit Eifer selbst gebastelten Kostüme, wir würden ohne Unterlass im Minutenabstand »Alaaf« grölen, wir würden unablässig schunkeln, eine schnuckelige Colombine oder einen smarten Cowboy an der jeweils freien Seite im Arm, das Ganze im Übrigen mit nur geringer alkoholischer Unterstützung, wenn nicht ein beruflicher Wechsel und räumliche Trennung dazwischen gekommen wären.

»Der Niederrheiner weiß nix, kann aber alles erklären!« Diesen Ausspruch, den ein zeitgenössischer Kabarettist seinen geliebten Landsleuten unterschob, möchte ich als neutraler Beobachter der rheinischen Szene so nicht stehen lassen. Der Niederrheiner weiß sicherlich eine ganze Menge und er scheut sich nicht, das auch allen zu erklären, wenn man ihn fragt.

Der Bremer hingegen erklärt nix, wobei er sicherlich auch eine ganze Menge weiß. Er selbst nennt das: »Sich bescheiden«, andere nennen das »mundfaul«. Der besagte Norddeutsche geht davon aus, dass sich sein Gesprächspartner den Rest des unvollständigen Wortes des nicht zu Ende geführten Satzes der bruchstückhaften Rede selbst dazu denkt. Der Rheinländer ist zum Mitdenken nun aber gar nicht bereit, legt die ökonomische Bremer Redetechnik als eine leichte geistige Schwäche aus und klärt seinerseits den derart behinderten Menschen vorsichtig und wohltuend auf, wobei er sich die notwendige Zurückhaltung auferlegt, die sich damals schon die vertriebenen Römer zu eigen machten, als sie vor zweitausend Jahren in dieser Region Asyl suchten.

Die rheinische Fröhlichkeit ist sprichwörtlich und überall anzutreffen. Man sollte sie jedoch nicht mit Humor verwechseln. Das Thema Humor (Karneval eingeschlossen) ist einfach ein zu ernstes Fach, als dass es Zugereisten ohne Gefahr überlassen werden kann. Aus diesem Grunde halte ich mich da auch raus.

Die Freundlichkeit, mit der der Rheinländer auf seine Mitmenschen zugeht, ist ohne Beispiel. Trifft er einen im Verbalismus leicht behinderten Menschen wie mich, den Bremer, so hilft er, wo und wie er kann. Leider kann er nicht immer, weil eben so viele seiner Hilfe bedürfen. In diesem Fall muss man selbst zurechtkommen.

Meine Familie und ich, wir kamen und kommen immer besser mit Land, Leuten, dem Rhein und seinen Nebenflüssen aus. Mehrmals im Jahr fahren wir den großen Fluss aufwärts, decken uns in Boppard mit einem superben trockenen Riesling-Spätlese ein, besuchen die Burg Rheinstein, ergötzen uns an der schönen Landschaft, die auch im Winter ihre Reize hat und lassen uns am Abend inmitten einer Kolonne niederländischer Caravans auf der A 61 wieder abwärts treiben. Bis auf die Ausnahme einer Kreuzfahrt von Köln bis Basel auf einem properen Schiff der Rheinflotte meiden wir im Übrigen die schwimmenden Blechbüchsen. Gründe dafür kann ich nicht angeben. Möglicherweise liegt es an der hohen Konzentration fremder Touristen auf engstem Raum, die ich als älterer Einheimischer nur gequält dulden mag.

Es kann auch sein, dass das Stehen auf zitternden eisernen Schiffsplanken in mir eine unbewusste Assoziation an meine frühere Zeit bei der motorisierten christlichen Seefahrt hervorruft, die mir einen Hörschaden und Senkfüße beschert hat.

Aber auch Bremen und die Weser kommen bei uns nach wie vor nicht zu kurz. Von Zeit zu Zeit brauchen meine Frau und ich den Geruch des Brackwassers und des Schlicks. Es hält uns kein Wind und kein Wetter am grünen Deich der Weser vom träumenden Blick in die weite Mündung des Flusses und den unendlich erscheinenden Horizont ab.

Zu Hause aber bin ich jetzt auf meiner Terrasse, die auf dem zurückgebliebenen Lehm des rheinischen Urstromtals errichtet wurde. In einem gebührenden Abstand vom hin und wieder Hochwasser führenden Vater Rhein, auf einer geodätischen Höhe von circa einhundert Metern über NHN verbringe ich meine Zeit mit völlig überflüssigen Tätigkeiten.

Der den Kölnern zugeschriebene Wahlspruch: »M'r muss och jünne künne!« schwebt unsichtbar über mir. Ich gönne jetzt so ziemlich jedem alles, nur bei den Politikern möchte ich eine Ausnahme machen.

Aber es sollte nicht der Eindruck entstehen, dass wir uns, was

Sitten und Gebräuche angeht, den Rheinländern völlig unterworfen haben. Mit Erfolg zelebrieren wir mehrfach im Winter unser ›Braunkohl-Äten‹ mit Pinkel, Kartoffeln, Korn, Aquavit und Pils, so wie wir es gewohnt sind. Unsere rheinischen Freunde kommen gerne dazu und stehen auch den obligatorischen Fußmarsch durch Feld und Flur durch, selbst wenn es sich um eingefleischte Stubenhocker handelt. Klar, dass ich mit entsprechender hochprozentiger Marschverpflegung im Rucksack (kein Bollerwagen!) vorweg gehe und wie der Rattenfänger von Hameln das Volk an mich kette.

Meine Schwester, die sehr besorgt darum ist, dass ich Bremen vergessen könnte, schickt mir jedes Jahr zum Geburtstag eine Ansichtskarte, auf der Dom, Rathaus und Marktplatz abgebildet sind. Eine völlig überflüssige Maßnahme, hängt doch über dem Eingang der Tür zu meinem Terrassenzimmer das Relief einer bronzenen Hansekogge mit dem Namen »Bremen«.

GRILLADE

Wochenende, Sommerabend, Garten, Terrasse, Freunde, Familie, Kohlendioxid, Brandstiftung, Sonderangebote im Supermarkt – das Zusammentreffen dieser Ereignisse, Körper oder Maßnahmen, in dieser oder in anderer Reihenfolge, lassen die urwüchsigen Triebe unserer Vorfahren wieder in uns wach werden. Sonst schlummernde Gene schleusen ihre Informationen in den aktivierten Arbeitsspeicher unseres Großhirns, das dann je nach Temperament jemanden sagen lässt: »Freitagabend wird gegrillt!« oder: »Uns könnte mal wieder einer zum Grillabend einladen!«

Die Vorbereitungen dazu sind schnell beschrieben:

An erster Stelle steht die zum Grillen notwendige Einrichtung. Atomstrom ist politisch im Moment nicht sonderlich aktuell. Elektrischer Strom überhaupt steht im Verdacht das Leben der Menschen nicht zu erleichtern, sondern es im hohen Maße zu gefährden, sodass alle Steckdosen demnächst wohl von den zur Zeit regierenden Parteien auf die Liste der überholten und zu ersetzenden Errungenschaften des zwanzigsten Jahrhunderts gesetzt werden.

Mit diesem Relikt will ich auf der Terrasse natürlich auch nicht leben und wähle somit den bewährten Holzkohlegrill, womit ich auch den Ahnen wieder ein ganzes Stückchen näher gerückt bin.

Der Aufstellungsort des Grills ist auch nie ganz unwichtig. Es muss darauf hingewiesen werden, dass dem Grill beim Anheizen und auch beim späteren Beschicken liebliche Düfte entweichen.

Ich halte es so, dass ich das Gerät je nach Windrichtung entweder direkt zur Rechten oder direkt zur Linken der lieben Nachbarn setze. Die menschliche Gemeinschaft verlangt es einfach, den Nächsten am Genuss teilhaben zu lassen. Die Lieben sind dafür ja so dankbar. Sobald sich ihre Räume mit den Rauchschwaden gefüllt haben, schließen sie schnell Fenster und Türen, lassen sogar mit höchster Geschwindigkeit ihre Rollladen heruntersausen, damit sie in aller Ruhe den Duft aus Kohlenstaub und köstlich verbranntem Fett genussvoll inhalieren können.

Soweit sind wir aber noch nicht, da zunächst das Augenmerk der Einrichtung und der weiteren Vorbereitung gelten muss. Der von mir benutzte Grill, made in China, besticht durch sein wirklich ökonomisches Verhalten. Vor Jahren wurde ich mit köstlichen Speisen, die auf einem solchen Grill zubereitet wurden, auf dem Hauptmarkt in Singapur asiatisch fürstlich bewirtet. Klar, dass ich das Angebot einer Supermarktkette nutzte und gleich fünf Stück dieser Einheitsgrills in der Luxusexportausführung kaufte. Vier Stück davon sind inzwischen abhandengekommen. Ich weiß nicht, wo sie geblieben sind. Es ist möglich, dass meine liebe Frau Blumen hineinpflanzte und zu preiswerten Hochzeitsgeschenken umfunktionierte.

Das Bemerkenswerte an diesem Grill ist seine enorme Wirtschaftlichkeit. Man kann mit einer Handvoll Holzkohle ein komplettes Holzfällersteak samt Knochen an allen zehn Seiten von zartrosa in tiefschwarz verwandeln und es immer noch als »well done« servieren. Somit zehre ich nach wie vor von den 1988 an einer Tankstelle Ausgang Bremerhaven günstig erworbenen fünf Zentnern erstklassiger Holzkohle, die, wenn sie will, ausgezeichnet brennt.

Apropos brennen, auch hier gilt es, sich richtig vorzubereiten. Auf den gefährlichen Unfug, mit Spiritus oder anderen Brandbeschleunigern zu hantieren, möchte ich gar nicht erst eingehen.

Neben der klassischen Methode, unhandliche Küchenmöbel zu feinen Holzspänen zu zerkleinern und mit zierlichen Papierschnitzelchen aus alten Eigenheimdokumenten das Feuer zu entfachen, verwende ich auch neuerdings moderne Grillanzünder aus Paraffin. Hier ist Wert darauf zu legen, dass nur steriles, vollentsalztes, absolut textilfreies Material zum Einsatz kommt. Schließlich ist ja die Wurst und das Fleisch, das wir anschließend grillen, nahrhaft genug und obendrein ausreichend gewürzt.

Es ist überflüssig, prophylaktisch die Feuerwehr über das geplante Grillvorhaben zu informieren und eine Stand-by-Wache zu verlangen. Ein paar wenige Sicherheitsvorkehrungen sollten dennoch getroffen werden.

Ich halte es so, dass ich einen fünf Kilogramm Pulver-Feuerlöscher (auf das letzte Prüfdatum achten!), zwei Eimer mit trockenem Sand, eine Regentonne gefüllt mit trübem abgestandenen Wasser – weil sauerstoffarm, eine Löschdecke, ein Erste-Hilfe-Paket, zwei Flaschen entzündungsarmen Weinbrand für Reanimierungszwecke und eine Überlebensstation Marke ›Mainhold Ressler‹ bereithalte.

Unerlässlich, aber nicht von allen geliebt, ist die voranlaufende zweistündige Instruktion aller Teilnehmer und Gäste. Es ist immer wieder Onkel Karl, der mit völlig unpassenden Bemerkungen die von mir mit beigelegten farbigen Unterlagen gestaltete Schulung erheblich stört. Peinlich, wie der alte Kerl als gelernter Feuerwehrmann meine Regeln verhöhnt und es alles besser wissen will. Es gehört zum Ritual, dass ich ihm am Ende zunächst nicht das Prüfungszertifikat ausstelle, das die Teilnahme am Grillabend offiziell erlaubt. Dennoch lasse ich mich, auch auf inständiges Bitten der anderen Gäste, zuletzt doch breitschlagen. Onkel Karl gibt dann vor Freude eine Gratisrunde meines besten Whiskys aus.

Unter uns gesagt: Onkel Karl wird immer – mit und ohne Zertifikat – teilnehmen, weil er die beste Lunge hat und statt eines Blasebalgs kräftig in die Glut pusten muss. Obwohl der Grill mit einem klugen Unterzug ausgerüstet ist, ist das Pusten notwendig, da die sinnreiche Konstruktion erst bei Windstärke zwölf die volle Wirkung entfaltet.

Was denn nun so auf den Rost kommt, möchte ich eigentlich übergehen. Die Welt muss nicht lernen, wie ungesund die Familie und meine Gäste leben.

Wichtig ist, dass die Gäste während der fünf Stunden, die Onkel Karl und ich benötigen, um eine richtige Glut im Grill zu erzeugen, beschäftigt sind. Hierzu eignen sich Alkohol und lustige Spiele.

Ein beliebtes wie auch unfreiwilliges Spiel bedeutet die altbekannte ›Reise nach Jerusalem‹. Da wir in Ermangelung jeglicher Terrassenmöbel zur Grillzeit sämtliche Küchenmöbel auf die Terrasse stellen, finden immer nette Kämpfe um den einen Hocker und um den einen Stuhl statt. Bei entsprechender Ermüdung sitzt dann der Rest der Gäste auf und in dem Küchenschrank oder in den herausgezogenen Schubladen der Anrichte. Praktisch ist die Maßnahme allemal, weil Bestecke, Teller, Gläser, Salz, Pfeffer, Servietten, Putzlappen, Staubsauger, Eimer, Kaffeemühle und Handfeger den Gästen voll zur freien Verfügung stehen.

Meine Freunde und Gäste wissen, wie wichtig mir der Moment ist, wenn die ersten Stücke rohen Fleisches mit großer Geste auf den glühenden Rost gelegt werden. Die Gäste, jedenfalls die, die noch nicht eingeschlafen sind oder sich am nächsten Imbissstand gerade etwas zu essen besorgen, bilden ein Spalier und applaudieren heftig. Sie ahnen, dass es nun nicht mehr lange dauert, bis sie die ersten Würstchen, Steaks, Spieße, Kartoffeln, saure Gurken und so weiter von Kohle befreien und das Essbare heraus schälen dürfen.

Mitternacht ist dann meistens vorbei. Am Gartenhäuschen brennt Opas alte Karbidlampe und auf der Terrasse verbreiten zwei gerettete Adventskerzen ihr warmes Licht.

Onkel Karl verspeist mit Genuss die Würstchen mit einer interessanten Grasbeilage, weil mir die verdammten Dinger immer vom Grill rollen und ich sie im Dunkeln vom frisch gemähten Rasen aufklauben muss.

Eine Stimmung, von Gemütlichkeit geprägt, macht sich breit. Einige liebe Gäste haben sich mit Handtüchern und Tischdecken aus dem Küchenfundus versorgt und auf dem Rasen zur Ruhe begeben.

Die Nachbarn ziehen vorsichtig ihre Rollläden wieder in die

Höhe, öffnen die Fenster und nehmen wieder die allgegenwärtige triste Luft zu sich. Der Grill hat seinen Betrieb eingestellt.

Endlich Feierabend!

DIE SELBSTGESELLSCHAFT

Es macht auf Außenstehende keinen guten Eindruck, wenn man das ganze Jahr über auf der Terrasse sitzt und stille Zwiesprache mit Bier und Ameisen hält. Da trifft es sich ganz gut, dass der notwendige Broterwerb den Menschen von Zeit zu Zeit in die pulsierende Außenwelt und in die Öffentlichkeit treibt.

Man muss diese Gesellschaft einfach lieben. Nicht die neue Gesellschaft mit beschränkter Haftung, die als verkleidete Behörde stündlich neue Müllabfuhrgebühren erfindet und uns um die Ohren schlägt. Nein, ich meine unsere ganz große freiheitliche, demokratische, soziale, liberale und Wer-weiß-was-sonst-noch-Nation, in der wir alle so gut und reichlich leben.

Wir dürfen ja alles!

Und wir dürfen sogar **alles selbst** machen!

Es fing so harmlos an. Völlig ahnungslos freute der Mensch sich, wenn er, in den damals noch kleinen Supermärkten, die Ware selbst aussuchen durfte. Anschließend wurde der Homo sapiens sapiens (das ist keine fehlerhafte Wortwiederholung, sondern die wissenschaftliche Bezeichnung der besonders weisen!! Gattung) autorisiert, den zusammengeklaubten Ramsch, in den, von der Supermarktgeschäftsführung großzügig und kostenlos zur Verfügung gestellten fahrbaren Drahtkörben auf Rädern, zur Kasse zu karren.

Es war niemandem bewusst, was durch diese kleine Gefälligkeit, die man den schwer arbeitenden Verkäuferinnen und Verkäufern angedeihen ließ, letztlich entstand.

Ganz nebenbei: Das Schieben von Einkaufswagen ist der betroffenen Generation genetisch in Fleisch und Blut übergegangen. Es assoziiert das Schieben eines Kinderwagens als Folge des biologisch aufgezwungenen Fortpflanzungstriebs, und zwar ohne Rücksicht auf das Geschlecht! Männlein und Weiblein sind gleichermaßen betroffen. Wenn also jetzt Männer, die mit

Frauen nun gar nichts anfangen können, verstärkt ihre Partner zum Standesamt schleppen, so liegt die Ursache letztlich am Einkaufswagen vom Selbstbedienungsladen!

Dann waren es die Tankstellen, die der **Selbstverwirklichung** der Menschen entscheidende Hilfestellung boten. Wenn man früher den Durst des Autos nach Treibstoff stillen wollte und eine Tankstelle anlief, wurde man schon hundert Meter vor der Zapfsäule von einem diplomierten Tankwart angehalten, der auf tausend Gefahren aufmerksam machte, die an der Zapfeinrichtung lauerten und seine Existenz unentbehrlich machte.

Die Ölkonzerne bewiesen viel Mut und schickten die Tankwarte in die Wüste, weil diese doch dem Drang des Menschen nach selbst zu erlebenden Abenteuern – auch an der Zapfsäule – sehr im Wege standen.

Heute tanken die Leute ungezwungen und ohne Scheu die vielen Qualitäten des gefährlichen Brennstoffs mit eigener Hand.

Es gibt noch einige zweifelnde Traditionalisten, die nach dem Tanken eine unfeine Hast an den Tag legen und mitsamt Tankpistole und -rüssel nebst Zapfsäule an der Kasse vorbeisausen, nur weil sie den Tankwart vermissen und deshalb eine latente Gefahr vermuten.

Selbst darf der Mensch, der sich schon wieder im Supermarkt herumtreibt, inzwischen auch Gemüse, Obst und Südfrüchte abwiegen, eintüten, Preis bestimmen und etikettieren. Das Ganze geschieht an einem frei zugänglichen Computer, der die Obst- und Gemüsesorten auf mit Symbolen bedruckten Tasten zur Bedienung anbietet. Leider muss bemängelt werden, dass längst nicht alle Kunden dieses bedienerfreundliche System beherrschen, da man rote Paprika von grünen Tomaten unterscheiden können muss.

Auch werden die simpelsten Anforderungen, die an die allgemeine Hygiene gestellt werden, von vielen Gemüsekunden immer noch nicht befolgt. **Selbstverständlich** stellt die Geschäftsführung des Supermarkts sterilisierte, wasserdichte, transparente Plastikhandschuhe kostenlos zum ausgiebigen Befummeln vollreifer Früchte zur Verfügung. Dieser lobenswerte Service wird völlig ignoriert. Eine Ausnahme bilden lediglich Chefärzte nahe gelegener chirurgischer Abteilungen. Sie behalten die formschönen Handschuhe gleich an, um damit im heimischen OP die am Tage anstehenden Operationen auszuführen. Das ökonomische Verhalten dieser Berufsgruppe ist ausdrücklich zu würdigen, kennen wir doch alle die schwierige finanzielle Situation in deutschen Hospitälern.

Hat doch unlängst ein deutscher, inzwischen abgelöster, ranghoher Politiker – wie hieß der gleich noch? – gefordert, dass ein Ruck durch die Gesellschaft der Deutschen gehen muss!

Was hat denn der damit gemeint?

Sicherlich den **Selbstruck**, denn auf Anregungen anderer Menschen oder anderer Gruppierungen, sollten sie noch so verständlich und nützlich sein, reagiert der Deutsche selbstverständlich nicht.

Doch der Appell kam zu früh. Der Selbstruck ist noch nicht hinreichend definiert, weil fundierte wissenschaftliche Untersuchungen bisher nicht angestellt wurden.

Daher zögern die Deutschen. Sie wissen nicht, ob sie nach oben oder unten, nach links oder rechts, nach vorne oder nach hinten rucken sollen.

Die **Selbsterfahrung** ist ja längst in unserem Alltag eingekehrt. Früher hat man meistens auf Erfahrungen der Älteren gebaut. Heute ist das entbehrlich. Fernsehen, PC, Internet und Börsenberichte reichen aus, um die Pampersgeneration auf ein Wissensniveau zu bringen, das für das ganze Leben ausreicht. Somit ist es nur korrekt, wenn die Älteren schnell ins Abseits gestellt werden; im Arbeitsprozess geradezu notwendig, stören sie doch mit ihrem senilen Gelaber überholter Reminiszenzen jegliche progressive dynamische Entwicklung.

Logisch, dass die Selbsterfahrung zur **Selbstfindung** führte. An einem Beispiel sei auf die Nützlichkeit dieser Heilslehre, die gerne von den Hinterbliebenen der Emanzipation in Anspruch genommen wird, hingewiesen: Es ist passiert, dass mir nach einem ausgedehnten Canastaabend (nicht Cannabis-Abend!) plötzlich und unerwartet die Sinne schwanden. Wenn ich mich am nächsten Tag nicht **selbst** in der äußersten Ecke meines Heizungskellers wiedergefunden hätte, wäre ich verloren gewesen, denn kein anderer konnte meinen Aufenthaltsort ahnen.

Verlassen wir nun doch die philosophische Ebene unserer kritischen Betrachtung und wenden wir uns wieder dem profanen Alltagsleben zu.

Eigene Aktivitäten in Restaurants und Hotels sind ebenfalls aus unserem Leben nicht mehr wegzudenken. Selbst bornierte Ignoranten, die keine Mühen scheuen, Hotels mit zwischenmenschlicher Bedienung aufzustöbern, werden mit Sicherheit am nächsten Morgen beim Frühstück hereingelegt. – **Selbstbedienung** am Büfett!

Früher konnte man über freiwillige Eigeninitiative noch herzlich lachen, denken wir an den schönen Spruch, den die holde Gattin in Form einer Spruchpostkarte aus dem erquickenden Heilbad nach Hause sandte: »Der eine schickt die Frau ins Bad; der andere wäscht sie **selber** ab.«

Heute nun haben wir den Salat. Die sogenannte Dienstleistungsgesellschaft bringt uns dazu, benötigte Dienste selbst zu leisten; den Lohn dafür schöpfen andere ab. Es gibt kein Entrinnen mehr!

Das Lachen bleibt einem im Halse stecken, wenn, wie unlängst geschehen, die Behörde Personen von sogenannten Anliegern auffordert, die Fahrstraßen gefälligst selbst zu fegen, wollen sie von weiteren Gebührenerhöhungen verschont bleiben!

Hätten wir doch nur auf Erich Kästner[1] gehört, der die Menschen damals schon warnte.

Jetzt ersaufen wir bereits in dem sahnigen Kakao, durch den man uns unablässig zieht!

UNHEIMLICHE FAHRRÄDER

Da habe ich leichtsinnigerweise einmal mehr meine Terrasse unbeaufsichtigt gelassen und was finde ich bei meiner Rückkehr vor?

Zwei Fahrräder haben den heiligen Ort okkupiert. Die Nationalität ist nicht zu erkennen, aber eines ist männlichen, das andere unverkennbar weiblichen Geschlechts. Sie stehen genau dort, wo eigentlich meine Bierflasche stehen sollte.

Sie stören mich!

Eine Unverschämtheit! Zumal auch kein Parkgebotsschild für Fahrräder zum freien Parken einlädt.

Wahrscheinlich haben andere Mitglieder der Familie Besuch bekommen. Frech, wie sich die Welt von heute gebärdet, stellt dieser Besuch einfach die Räder auf meiner Terrasse ab. Das muss man sich einmal vorstellen: Die Leute kommen nicht mit einem Auto, Jeep, Caravan, Bus, der Straßenbahn oder einem Kleinlaster, so wie man heute Freunde, Verwandte, Geschäftspartner oder den Papst üblicherweise besucht; nein, sie kommen mit einem Fahrrad.

Wenn ich vornehmer Brite wäre, hätte ich »shocking« gesagt und die Sache auf sich beruhen lassen, aber ich bin kein Brite und vornehm bin ich schon gar nicht, sondern ein gründlicher Deutscher und rege mich auf.

Wie die Räder schon aussehen?

Verdreckt, verrostet, kaum Luft in den Reifen und Spinnweben zwischen blinden Lampen und verbeulten Schutzblechen. Den Allgemeinzustand muss man als saumäßig bezeichnen und die Verkehrssicherheit dieser Vehikel als äußerst fragwürdig ansehen.

Da kann man sich schon vorstellen, wie verwahrlost erst die Besitzer sein müssen! Und die politische Einstellung dieser Leute scheint auch wohl sehr klar zu sein. Nur notorische Weltverbesserer sparen Benzin, Strom, Gas, Wasser, Farbe und ein paar lumpige Putzmittel selbst für so anspruchslose Fortbewegungsmittel wie Fahrräder.

Wer von meinen unglückseligen Angehörigen ist denn diesen unheimlichen Leuten auf den Leim gegangen?

Die Unverfrorenheit solcher Sekten und geheimen Vereinigungen kennt man ja. Ist das nicht schon ein Zeichen der »Inbesitznahme« meines Grund und Bodens, wenn diese Funktionäre des Teufels unbefugt ihre Räder auf meiner Terrasse abstellen?

Erst werden die Seelen genommen und dann das Materielle oder umgekehrt, je nach Strategiepapier der Obergurus.

Wie raffiniert sie vorgehen, zeigt schon ihr Auftreten als Paar. Unschuldig wie Adam und Eva kommen sie auf ihren angeblich harmlosen Fahrrädern daher, fallen in die heile Welt meiner Familie ein und wollen Verderben säen.

Die Mensch gewordenen Wölfe, die drinnen im Haus in der Maske der Schafe ihr unheilvolles Werk betreiben, mögen täuschen können, aber ich durchschaue das schändliche Vorhaben, denn ihre Fahrräder, diese lackierten Skelette aus Stahlrohr und Gummi verraten sich mit ihrem »bösen Blick«, sie können sich nicht verstellen. Ihre bloße Anwesenheit bedeutet höchste Gefahr.

Fieberhaft wälze ich in meinen Gedanken mögliche Abwehrmaßnahmen. Alle Fasern meines Körpers spannen sich, gefasst, einen heimtückischen Angriff sofort zu parieren. Doch der hypnotischen Kraft dieser Ungeheuer bin ich nicht gewachsen. Ich weiche zurück. Die Erkenntnis, dass ich das nächste unschuldige Opfer werden soll, zwingt mich an den tiefen Abgrund einer verzweifelnden Ohnmacht. Die Sinne schwinden …

Da ruft meine liebe Frau vom Balkon herunter – ich selbst bin kaum noch in der Lage, den Worten zu folgen:

»Schatz, ich lasse die Garage neu streichen. Unsere Fahrräder habe ich auf die Terrasse stellen lassen. Wir können ja mal wieder Rad fahren!«

BLUMEN UND ANDERE PFLANZEN

Können Sie sich eine Terrasse ohne Blumen vorstellen?

Nein?

Dann bin ich wohl der Einzige, der durchaus ohne Blumen und anderes Gewächs auf einer Terrasse leben könnte. Obwohl Minderheiten in diesem Land sehr geschätzt sind und der Staat alles tut, um diese Wenigen zufriedenzustellen, zählt die Meinung eines einzigen Menschen doch nicht viel, und demzufolge teile ich die Terrasse mit Blumen, Gehölzen, gefährlichen und weniger gefährlichen, botanischen Auswüchsen der freien und unfreien Natur.

Von der Glanzmispel hatte ich ja schon erzählt. Sie wächst, als müsse sie es einem Mammutbaum gleich tun. Inzwischen hat sie enorme Höhe von einem Meter achtzig erreicht. Die Ameisen fühlen sich in dieser Höhe auch nicht mehr wohl; vermutlich sind sie nicht schwindelfrei. Die Blattläuse laufen deswegen ungeordnet herum und machen einen sehr verwirrten Eindruck. Der beste Beweis dafür, dass die Natur auch nicht alles regelt.

An und für sich ist die Glanzmispel pflegeleicht, anders jedenfalls als der Oleander.

Was habe ich mich gegen diesen Giftstrauch gewehrt. Es half nichts. Eines Tages stand das südeuropäische Gewächs in einem schönen Topf aus vietnamesischer Tonkunst auf den schlichten grauen Platten aus Kruft in der Eifel und wollte bedient sein.

Jeder, der schon einmal mit dem Auto in Italien war, kennt das Gewächs, das wie Unkraut zwischen den angerosteten Leitplanken der Autobahn wächst und wie der Deibel blüht. Die Blüten duften obendrein, betören die Sinne, vermitteln das Gefühl, sich in einer Parfümerie von Charles Lageracker zu befinden.

Wohlgemerkt, in Italien!

In unseren Breiten lässt dieses Wundergewächs nicht mit sich reden und schmeißt als einzige Reaktion unvermittelt, im Sommer wie im Winter, seine Blätter durch die Gegend. Damit darf man noch nicht einmal die italienische Gemüsepfanne anreichern, weil, wie schon gesagt, sehr giftig!

Im besagten Jahr des schönen Sommers wagten sich tatsächlich ein paar Blüten ans Tageslicht. In meiner großen Sorge, die Pflanze samt der schönen Blüten könnte austrocknen, versorgte ich sie ausgiebig mit Flüssigkeit, was auch wieder nicht richtig war. In meiner Not befragte ich ein schlaues Pflanzenbuch und erfuhr, dass der Oleander keine Wasserpflanze sei; er also nur mäßig Wasser verträgt. Sofort drosselte ich die Wasserzufuhr, mit dem Ergebnis, dass er wieder mit den Blättern um sich warf.

Zu diesem Zeitpunkt wurde mir die Obhut entzogen.

Da lobe ich mir doch die Petunien, Geranien, Fuchsien und andere Blumen, die ebenfalls die Terrasse bevölkern. Sehr anspruchslos und immer zufrieden. Sie maulen nicht, wenn sie einmal im Trockenen stehen, weil ich mich stets auf den Regenschauer verlasse, den die Wetterexpertinnen und -experten vom Fernsehen fest versprechen.

Noch genügsamer verhält sich das Fleißige Lieschen. Dieses liebliche Gewächs habe ich zur Wasserpflanze umfunktioniert, ohne seine Gene zu manipulieren. Alle die kleinen Blümchen stehen knietief im Wasser. Sie lieben es und blühen in einer seltenen Pracht. Eine erfolgreiche Anwendung der Kneipp'schen Theorie.

»Panta rei«, sagten die alten Griechen: – alles fließt. Das gilt im übertragenen Sinne für das lebende Umfeld meiner Terrasse. Alles gedeiht. Die Pflanzen bekommen ihr Wasser, manchmal auch etwas Dünger. Ich bekomme mein Bier, manchmal auch ein paar Vitamine.

Die Technik, mit der ich mich auch einmal beschäftigen musste, spricht von der Stabilität im Regelkreis.

Wenn es da nicht die lästigen Störgrößen gäbe, unter denen die alten Griechen sicherlich auch schon gelitten hatten.

Irgendeiner, irgendetwas muss aus unerfindlichen Gründen die wohltuende Harmonie des Gleichgewichts stören. Diese Störung stellt sich mit gesetzmäßiger Wahrscheinlichkeit immer zu unpassenden Zeiten ein.

Am Drama auf der Terrasse waren wieder die mit Recht gescholtenen Medien schuld. Ich, Trottel in eigener Person, schaltete ahnungslos das allgemein als bildend geltende Regionalprogramm unseres Fernsehsenders ein und in welcher Sendung landete ich?

»Die Gartendesignerin gestaltet Garten und Terrasse.«

Die durchaus attraktive Designerin zeigte via Mattscheibe wunderschön gewundene Gärten mit integrierten Terrassen, Pergolen inklusive Pflanzen und Blumen, die aus dem Märchen ›Tausendundeiner Nacht‹ stammen konnten.

Im Laufe der Sendung stellte die Dame die schlüssige Behauptung auf, dass die Größe des Gartens für eine zauberhafte Gestaltung desselben überhaupt keine Rolle spiele. Sie erbot sich, eine Fläche von drei bis vier Quadratmetern in eine preiswürdige (nicht preiswerte) Gartenlandschaft zu verwandeln, von der beispielsweise die in dieser Beziehung verwöhnten Japaner nur träumen könnten.

Mit der typisch norddeutschen Geschwätzigkeit brachte sie auf den netto verbleibenden zwei Quadratmetern neben einer Gartenlaube für vier Personen, eine mit bunten Lampions behängten Terrasse, einer Rabatte mit seltenen grönländischen Rosen, einem fließenden Bach mit der Nachbildung der Golden-Gate-Brücke, einem Teich mit echten Seerosen und mindestens drei lebenden Karpfen, weiter mit Leichtigkeit einen imposanten Steingarten unter, auf dessen Gipfel ein echtes Edelweiß blühen sollte. Von den vielen ergötzlichen Blumen und Schatten spendenden Bäumen, die die Dame noch im besagten Areal ansiedelte, möchte ich gar nicht mehr reden.

Das Ganze schien sehr übertrieben, wenn auch die Dame immer von neuen Herausforderungen sprach, die sie mit zukünftigen zu erwartenden Aufgaben meistern wolle. Da die Sendung parallel zu einem umfassenden Werbeblock im »Ersten« lief, tat ich den Auftritt der Designerin im botanischen Erlebnispark ebenfalls als Werbung ab.

Dennoch hatte das schöne Biest mir heimtückisch einen Stachel ins Fleisch gebohrt.

Hatte ich meine intensiv bewohnte Terrasse und den Garten, wo ja nun wirklich auch einige oberirdische Pflanzen und Blumen herumstanden, nach ästhetischen Gesichtspunkten, die Augen und Geist erfreuen, gestaltet?

Glich ich nicht eher einem einfallslosen Siedler, der allenfalls in der Lage war, sein schlauchförmiges Anwesen nach dem stupiden Muster eines sozialistischen Einheitsgartens einzurichten?

Mutete ich meiner lieben Familie und den unglücklichen Nachbarn nicht einen Anblick zu, der bei ihnen die niedrigen Instinkte zur zerstörenden Aggression wegen der tödlichen Langeweile, die Terrasse und Garten ausstrahlte, auslösen musste?

Schlaflose Nächte waren die Folge.

Strahlender Sonnenschein auf der Terrasse löste mich nicht aus der tiefen Niedergeschlagenheit. Ich fühlte mich als Versager. Die Nachbarn schienen schon über mich zu reden.

Grundlos schnauzte ich die unschuldigen Geschöpfe der Flora an. Stieß mit dem Fuß gegen die Töpfe und verlangte, dass sie sich selbst ordnen sollten und verwies wütend auf die dämliche Fernsehsendung.

(An dieser Stelle möchte ich mich mit dem Wort »dämlich« auseinandersetzen, um Missverständnissen vorzubeugen. Der Ausdruck ist wahrscheinlich dem Wortstamm »Dame« entsprungen. Der alte Duden definiert das Wort umgangssprachlich für: dumm, albern. Spätestens jetzt beginnt die gefährliche graue Zone der Diskriminierung des weiblichen Geschlechts. Ich möchte mich hiermit ausdrücklich von der obigen Definition distanzieren. Im Zusammenhang mit der Fernsehsendung benutzte ich das Adjektiv stammbezogen, das heißt, das Wort »dämlich« bezieht sich lediglich auf eine »Dame«, die moderierend tätig war. – Wenn ein Herr die Sendung moderiert hätte, wäre logischerweise der Ausdruck »herrlich« der richtige gewesen!)

Mir schmeckte kein Bier mehr.

Dieses ernste Alarmzeichen brachte mich zur Besinnung.

Selbst ist der Mann. Was die Dame im Fernsehen zuwege brachte, musste ein ausgewachsener Mann doch auch können.

Was ist denn das überhaupt, eine Designerin? Das Wort steht so noch nicht einmal im englischen Wörterbuch.

Die Dame sprach immer von einem Plan, den man zuerst aufstellen sollte. Diese Arbeit konnte man sich doch wohl sparen. Man braucht Pläne, wenn eine Partei zu gründen oder ein großkotziges Dorf in eine überschnappende Hauptstadt zu verschandeln ist, aber doch nicht für einen Garten!

Von der Schnapsidee, eine Flusslandschaft mit Teich anzulegen, machte ich grundsätzlich keinen Gebrauch. Schließlich habe ich aufmerksam Ephraim Kishon's ›Der Blaumilchkanal‹[2)] gelesen und weiß, wie böse so etwas enden kann.

Ich begann Steine für den so angepriesenen Steingarten zu sammeln. Die Bauern der nahen Umgebung verfolgen mich seitdem äußerst misstrauisch, weil ich an ihren Ackerrändern, und darüber hinaus, dekorative Feldsteine ausbuddelte. Akuter Mangel an schönen Steinen veranlasste mich, einen stillgelegten Steinbruch zu reaktivieren. Leider stieß ich dabei auf das völlige Unverständnis der zuständigen Behörde.

Zudem fiel mir auf, dass das Anlegen des Steingartens doch mit sehr viel Mühsal, Arbeit und Aufwand verbunden war. Komisch, darüber hatte das Naturwunderweib überhaupt nichts verlauten lassen.

Zu viele Steine drücken auf das darunterliegende Erdreich. Das schien mir doch zu sehr das Leben der Regenwürmer zu gefährden. Somit unterließ ich konsequenterweise die Schöpfung eines eigenen Steingartens und wandte mich nun den Blumen und anderen Pflanzen zu.

Die verschiedenen Eigenarten und Empfindlichkeiten der Kinder der Natur, Abteilung Flora, veranlassten uns schon sehr früh, einige der Gattung mit den Wurzeln ins Erdreich zu versenken, andere dagegen in Töpfe zu pflanzen. In der mir eigenen Systematik unterscheide ich damit stationäre und mobile Objekte.

Die im Garten verpflanzten Objekte weigerten sich, ein weiteres Mal umzuziehen. Die mobilen Einheiten dagegen konnten sich gegen eine neue, harmonische, die Augen erfreuende und Stimmung hebende Anordnung im Sinne einer vollkommenen Ästhetik nicht wehren.

Mithilfe einer extra zu diesem Zwecke angeschafften neuen Sackkarre fuhr ich von morgens bis abends große, mittelgroße und kleine Blumenkübel von einer Seite zur anderen, von vorne nach hinten, von links nach rechts, durch Flur, Garten und Terrasse.

Ordnete die Objekte mittels ausrangierter Kellerregale in verschiedenen Höhen an. Die Regale spielten allerdings nur eine Zeit lang mit. Sie brachen unter der ungewohnten Last still in sich zusammen.

Diese ansetzende, gewaltige Reform stiftete Verwirrung in der Familie. Sie fanden die – auch meiner Übersicht entfallenen Objekte – selten wieder. Und wenn sie schließlich gefunden waren, standen sie am nächsten Tag mit Sicherheit an einem unbekannten Ort, weil mir die Architektur und künstlerische Gestaltung der Blattgewächse immer noch nicht vollkommen erschien und sich neue Symmetrien bei strenger Beachtung des natürlichen Biorhythmus anboten.

So verfahre ich bis heute.

Die göttliche Eingebung will sich einfach nicht einstellen. Ich bin gezwungen, auf sie zu warten, wie die Bayerische Staatsregierung auf sie warten muss, weil sich der Engel Aloysius nicht vom Hofbräuhaus trennen kann.

Es sei denn, die zauberhafte Gartendesignerin läuft mir über den Weg und betrachtet meine nach Schönheit dürstende Terrasse als ihre neue Herausforderung …

ORDENTLICHE ENTSORGUNGEN

Einige meiner Nachbarn besitzen inzwischen festangestellte Abfallberater, die den in der Familieneinheit erzeugten Abfall gemäß gesetzlichen Vorschriften ordnungsgemäß sortieren und anschließend in umweltfreundlichen Portionen entsorgen.

Ich kann mir einen eigenen Abfallberater und -entsorger nicht leisten und muss somit diese neue Dienstleistung selbst übernehmen. Mein Schicksal!

Als gehorsamer Bürger des fürsorgenden Staates dieser Republik beachte ich dabei selbstverständlich die einschlägigen Vorschriften und Verordnungen, obwohl mir die amtliche Genehmigung wegen des fehlenden Studiums von dreiundzwanzig Semestern offiziell nicht erteilt wird. Aber die mich verwaltende Kommune drückt zur Zeit noch beide Augen zu. Ein Hauch von Liberalismus weht wahrscheinlich durch die renovierten Amtsstuben; es kann natürlich auch an der immer anstehenden, nächsten Kommunalwahl liegen.

Gott sei Dank wurde mein Gesundheitszeugnis aus dem Jahre 1956 anerkannt, welches attestiert, dass ich berechtigt bin, auf einem Kauffahrteischiff der deutschen Handelsmarine seemännisch tätig zu sein, weil der Gesundheitszustand für die anderen als erträglich und keine Farbblindheit festgestellt wurde.

Das Farberkennungsvermögen ist aber auch wichtig! In unserem Abfallsystem unterscheiden wir in diesem Moment (25. August 1999, 15.25 Uhr) folgende amtliche und halbamtliche Abfallarten:

Restmüll Haushalt	= graue Tonne oder grauer Sack
Papier und Pappe	= blaue Tonne
Wertstoffe (Plastik u. ä.)	= gelbe Tonne
Textilien u. Schuhe	= weiß/rot (kommz. Sammlung)
Glas	= grün/weiß/braun (Container)
Küchen/Gartenabfälle	= Biotonne

Und schon hakt es im System, denn bio ist noch keine gesetzlich festgelegte Farbe. Also muss man neben der korrekten Farbunterscheidung auch noch lesen können. Da die kommunale Verwaltung erkannt hat, dass man diese Eigenschaft nun wirklich nicht unbedingt in unserer freiheitlichen Gesellschaft erwarten und verlangen darf, wurde eigenmächtig entschieden: bio = braun.

Diese Entscheidung konnte leider parlamentarisch noch nicht abgesichert werden, so hat die Opposition vorsorglich ein Veto eingelegt und plant notfalls die Anhörung des Karlsruher Verfassungsgerichts.

Aber auch Philologen und Koloristen zeigen sich tief verunsichert und behalten sich rechtliche Schritte vor.

Da fragt sich nun der aufmerksame Leser: Was hat das Ganze mit der Terrasse zu tun?

Mindestens einmal im Monat verwandelt sich meine Terrasse in einen Miniaturrecyclinghof, wo die verschiedenen Abfälle gesichtet, beurteilt, gewogen, vorsortiert, sortiert, in die dafür vorgesehenen Behälter zwischengelagert und für den baldigen Abtransport an der Straße bereitgestellt werden müssen.

Das alles erfordert Platz, Zeit, einen klaren Kopf und viel Sorgfalt. Da sich die farbigen Tonnen oder Container, wie man sich heute einfach gepflegter ausdrückt, vermehren wie die Kaninchen auf Schmidts Heide, arbeite ich bei dieser die Nation erhaltenden Maßnahme stets unter drangvoller Enge, was bei mir inzwischen eine Abfallneurose in Form eines ungewöhnlichen Traumas ausgelöst hat. Gemeinsam mit meinem Psychiater, der unter ähnlichen Symptomen leidet, weil er in einem alten Bauernhaus wohnt, unterziehen wir uns jetzt einer Therapie bei einem praktizierenden Müllwerker.

Aber diese neue Not unserer Wohlstandsgesellschaft hat die Behörde längst erkannt. In Zukunft soll bei Neubauprojekten von Einfamilienhäusern nicht nur der Platz für eine Garage und einen Stellplatz, sondern auch eine zusätzliche Fläche von einhundert Quadratmetern für die Abfallbehandlung der verursachenden Wohnungseinheit in das Bauordnungsgesetz aufgenommen werden.

Da ich mir vorstellen kann, dass nicht nur unsere liebe Umweltpartei, sondern auch die Untere Wasserbehörde, das Ordnungsamt, der TÜV, das Bauamt und die örtliche Abteilung der Abfallbehörde aktiv dieses Projekt betreuen werden, ist mir um das Gelingen nicht bange.

So vierzehn Tage vor dem Abfallstichtag werde ich von fürchterlichen Träumen geplagt. Stets befinde ich mich dabei in einer großen blauen Tonne, bin in Papier eingewickelter gekochter Fleischabfall, der eigentlich in die graue Tonne gehört. Stets erwischt mich auch der amtlich eingesetzte Mülltonneninspektor: ein finsterer, martialisch aussehender Mensch mit groben Manieren und einer riesigen Zange in der Hand, mit der er mich in den aufgeblähten Bauch pikt. Er schreit dabei: »Hab ich dich wieder erwischt, du Abfall gewordener Umweltsünder, du farbenblinder Kretin …!« Den Rest vergesse ich immer, weil ich mit einem Angstschrei aufwache und zitternd zu meiner Frau ins Bett krieche. Die streichelt mir dann über den Kopf, murmelt dann nur: »Ach ja, der Müll ruft wieder«, und schläft unbelastet weiter.

Ich mag mich zu dieser Zeit auch nicht gerne auf meiner geliebten Terrasse aufhalten. Sie kommt mir dann so fremd, so belagert vor. Auch die Tiere, sonst immer sehr neugierig, meiden diesen Ort. Zu den hermetisch abgeschlossenen Tonnen, Säcken und Containern mit möglichen Leckerbissen finden sie keinen Zugang, Zusatznahrung, die ich ihnen eigentlich gönnen würde.

Hin und wieder kommt aber auch bei mir das Menschliche wieder durch, dann schlitze ich in der dunklen Nacht vor dem Morgen der amtlich festgelegten Abholung die an der Straße stehenden grauen Säcke auf, damit sich die Kreaturen der Dunkelheit laben können.

Was ihnen dabei in die Krallen, Schnauzen, Mäulchen und Schnäbel fällt, weiß ich natürlich nicht, denn wer ist schon über das intime Abfallleben der Nachbarn informiert.

Rechtzeitig hat die Kommune für das kommende Jahr die allseits umfassende, jährlich wiederholte Reform der Abfallregelung in Form eines ›Abfallkalenders‹ verabschiedet. Nachdem die Politik die heilsbringende Mission an die Behörden delegiert hat, agiert diese – zum Wohle der Bürger – mit wütender Gründlichkeit. Die Abfallentsorgung scheint zum Thema Nr. 1 erklärt worden zu sein. Damit werden die Regeln des gesunden Menschenverstandes und der Verhältnismäßigkeit nur noch bedingt beachtet.

Wurde der ahnungslose Wertstoffsackbenutzer schon im letzten Jahr quasi zum Straffälligen erklärt, weil er mit dem gelben Exemplar zweckentfremdend im Supermarkt einkaufen ging, oder vielleicht sogar Gartenabfälle darin transportierte, so erwarten ihn im nächsten Jahr weitere Überraschungen, die unter Umständen nun doch zur Farbblindheit führen können. Der genervte Bürger sieht nur noch rot statt grün!

Da werde ich jetzt aufgefordert, unbedingt den Treffpunkt für Umweltbewusste auf dem lokalen Recyclinghof zu besuchen. Was soll ich dort? Ich kenne die Leute ja gar nicht.

Gleichzeitig darf ich nicht vergessen, den ›grünen Abfallpass‹ sichtbar auf das Armaturenbrett meines Autos zu legen. Dieser Pass soll verhindern, dass Fremde unbefugt ihren schäbigen Abfall auf dem »wertvollen« Recyclinghof unserer Stadt entsorgen!

(Ich kann mich noch an die hochnotpeinliche Befragung erinnern, der ich ausgesetzt war, als ich es einmal wagte, mit einem Firmenwagen, der in der weit entfernten Südwestpfalz zugelassen war, auf den besagten Hof zu fahren. Überflüssig zu erklären, dass mir wortlos unterstellt wurde, den Grünabfall aus dem deutsch-französischen Grenzgebiet heimtückisch der ahnungslosen Abfallbehörde im hiesigen, dreihundert Kilometer entfernten Ort unterzujubeln.)

Jetzt werden uns also Pässe gegen Fremde verordnet. So weit ist es schon wieder gekommen!

Eigentlich wollte ich eine fröhliche Abfallgeschichte schreiben. Mir ist die Lust vergangen.

Ich schreibe erst dann wieder, wenn die Honoratioren unserer Kommune die zwangsläufig zu errichtende neue Stadtmauer (gegen den Einfall fremder Entsorger!) einweihen und der Musikzug des Schützenvereins mit schmetternden Trompeten und wehenden Fahnen durch das neue, von namhaften Architekten entworfene ›Stadttor für den eigenen Mist‹ marschieren wird.

ES WIRD HERBST AUF DER TERRASSE

Die hohen Temperaturen von acht Grad und weniger können nicht mehr darüber hinwegtäuschen, dass der Herbst begonnen hat. Die Wetterkommentatoren bei den verschiedenen Fernsehsendern schlagen uns diese sensationelle Meldung täglich mehrfach um die Ohren, als müssten sie uns mit einer politischen Situation von äußerster Brisanz vertraut machen. Nun wird ein politisches Argument durch ständiges Wiederholen nicht besser, eine Wettermeldung erst recht nicht. (Weder Politiker noch Wetterfrösche scheinen das zu beherzigen!)

Ein natürlicher Mensch erkennt, im Gegensatz zu einem virtuell mutierten Homo PC sapiens, an der Verwandlung seiner Umgebung den Wechsel der Jahreszeit. Untrügliche Zeichen:

Die Oma kommt nicht mehr so häufig zu Besuch.

Die Ehefrau überprüft die Verfallsdaten der Konserven im Keller.

Es wird wieder einmal im Familienkreis festgelegt, dass es in diesem Jahr nur ein Geschenk pro Kopf geben wird.

Kartoffeln müssen in größeren Mengen gekauft werden. Die schmutzigen Winterreifen in der Garage grinsen einen noch dreckiger an.

Versicherungsgesellschaften drohen mit dem nahenden Weltuntergang und empfehlen dafür eine alles abdeckende Risikoversicherung.

Meine Terrasse verändert sich auch. Die grauen Platten werden noch grauer. Die Sonne, wenn sie denn mal scheint, schafft es gerade, über den Giebel des gegenüberliegenden Nachbarhauses die ermatteten Strahlen in mein Terrassenfenster zu senden und meine Frau einen Schreckensschrei ausstoßen zu lassen: »Ach du liebe Zeit, ist das Fenster schmutzig!«

Sehen Sie, dann ist Herbst.

Ungewöhnlich ist nur, dass sich so viele gelbe Blätter in den Winkeln meiner Terrasse fangen. Blätter von den nahen Bäumen, die jetzt mit den nackten Zweigen überhaupt nicht erotisch wirken. Im Gegenteil, sie wirken arm, verloren, ihrer Kleider beraubt und von der Natur benachteiligt. Hier sollten die Politiker, insbesondere die der grünen Partei, mal aktiv werden. Es muss doch wohl durchzusetzen sein, dafür zu sorgen, dass unsere heimischen Bäume in die Lage versetzt werden, die schönen grünen Blätter zu behalten. Ich nenne das Besitzstand. Und der wird doch sonst von unseren Politikern und Gewerkschaftlern, mindestens was die eigenen Einkommen anbetrifft, mit Klauen und Zähnen verteidigt.

Zunächst muss sicher erst einmal nach den Ursachen geforscht werden. Da bietet es sich an, einen Untersuchungsausschuss zu bilden, der knallhart die Fakten offenlegt und die Schuldigen an das Tageslicht zerrt. Obwohl: Die Forderung ist zu überlegen.

Das Ganze wird vermutlich wieder zu einer weiteren Ökosteuer führen.

Die Blumen auf der Terrasse, jedenfalls die meisten, sehnen sich nach der Biotonne. Ihre Zeit ist abgelaufen. Eine Ausnahme bilden die Geranien. Ich nenne sie inzwischen Generanien, weil sie es verstehen, nach einer kurzen Verschnaufpause draußen unter den hohen Tannen, immer wieder neu zu blühen und uns zu erfreuen.

Vielleicht ist das ganz normal, und vielleicht schüttelt jeder Gärtner über meine Dummheit den Kopf, aber mir erscheint es immer wieder als eines der vielen der Wunder der Natur, die ich mit meiner verbrauchten und verbildeten Wahrnehmungsfähigkeit sonst schon gar nicht mehr erfassen kann.

Die Kleintiere ziehen sich im Herbst von meiner Terrasse zurück. Es ist ihnen auch zu ungemütlich. Ein paar Spinnen finden immer den Weg ins Innere des Hauses. Auf sie kommt jetzt ein Leben voller Stress zu, denn ihre kunstvoll gesponnenen Netze sind nicht mehr sicher. Es ist nicht zu vermeiden, dass ich mich mit Besen oder Staubsauger durch die Räume begebe, um im Rahmen von kontinuierlichen Reinigungsaktionen für Ordnung und Sauberkeit zu sorgen. Dabei darf ich nicht alle Spinnweben übersehen, denn sonst schickt man mich wieder zum Augenarzt.

Da ich vorher in geeigneter Weise die gefährdeten Kerbtiere warne, kommen sie im Allgemeinen mit dem Leben davon.

Die etwas größeren Amseln, die während des Sommers in anderen Gärten oder im nahe gelegenen Wald fremdgegangen waren, lassen sich wieder sehen, inspizieren das Vogelhäuschen und andere wilde Futterplätze auf der Terrasse. Sie prüfen, ob auch alles für sie für den Winter vorbereitet ist. Selbst die Meisen wagen sich wieder auf die Terrasse, weil sich der Mensch in seiner bequemen Art notgedrungen nun doch mehr drinnen aufhält.

»Das muss eigentlich nicht sein«, verkünden mir unzählige Verkäufer von gläsernen Wintergärten ernst und eindringlich. Ihre Aktivitäten sind auch ein Indiz des eingetretenen Herbstes.

In Schlangen stehen sie vor meiner Haustür, die sie bei der Gelegenheit auch gleich erneuern möchten und erklären mir die ökonomischen und ökologischen Vorteile eines solchen Wintergartens, den man praktisch umsonst bekommt, denn die gewaltigen Einsparungen an Strom, Gas, Wasser, Abwasser, Sauerstoff, Stickstoff, Edelgasen und was sonst noch alles – amortisiert die Investition praktisch im Nu.

Auf die bereits vorhandene Terrasse – welch ein Vorteil für den glücklichen Besitzer, weil dann ein metertiefes Fundament gespart werden kann – wird der Wintergarten mit wenigen Handgriffen in kürzester Zeit aufgebaut und macht den Eigentümer nebst seiner gesamten Familie, nahen und entfernten Verwandten, Hund und Katze zu einem zufriedenen Touristen im eigenen Haus, weil er auf ewige Zeiten das sonnige Treibhausklima einer nicht genannten, fernen Karibikinsel auf seine Terrasse transferiert hat.

Die freundlichen Empfehlungen stehen auch mit dem neuen innovativen Beruf des Adressenhändlers in einem Zusammenhang. Welch eine Wohltat für das geschundene Land!

Ich gebe einer Unmenge von fleißigen Fachleuten dieser neuen Branche Brot und Arbeit, was mich schon mit einem gewissen Stolz erfüllt. Mit meiner Adresse werden florierende Umsätze gemacht. Heerscharen von Außendienstmitarbeitern, gestern noch im maroden Stahlwerk oder in der notleidenden Landwirtschaft beschäftigt, rasen motiviert, meine Adresse im Laptop, über Autobahnen und Landstraßen, um mich mit den unentbehrlichen Produkten der Zeit zu beglücken.

Der mich betreffende Datensatz beim Adressengroßhändler könnte in etwa lauten:

Name: unwichtig

Adresse: bekannt, ziemlich konstant

Beruf: gibt an, Techniker zu sein, durch besondere Leistungen bisher nicht bewiesen.

Familienstand: tüchtig verheiratet

Vermögensstand: könnte besser sein, Bank räumt aber gegen besseres Wissen Kredit ein

Grundbesitz: Eigenheim

Art des Grundbesitzes: Reihenhaus der mittleren bis unteren Klasse, ausbaufähige Terrasse

Bedarfsgruppen: A–Z

(Erklärung der Bedarfsgruppen: A = alles fürs Haus; B = alles fürs Trinken; C = alles fürs Essen; D = alles fürs Vergnügen; E = alles für die Freizeit; F = alles für die Kultur; und so weiter)

Ich bin also als Konsument für die Bedarfsgruppen A–Z katalogisiert und digital bekannt. So ist es kein Wunder, wenn die namhaften Kapazitäten der Branchen mich aufsuchen und helfen wollen, mir ein glücklicheres Leben zu verschaffen.

Im Herbst hat halt die Bedarfsgruppe ›A‹ Saison und analysiert demzufolge das Leben des Bedarfsträgers auf seiner Terrasse.

Die Kommunikation zwischen den Produktverkäufern der verschiedenen Branchen funktioniert trotz Digitalisierung aber erfahrungsgemäß überhaupt nicht.

Der Lieferant der eleganten Rattanmöbel im Kolonialstil, der original afrikanischen Dattelpalmen in naturbelassenen Tontöpfen, der Bastmattengarnitur mit eingearbeiteter Schweißabsorbierung guckte ziemlich blöde aus der Wäsche, als er die komplette, architektonisch perfekt gestylte Inneneinrichtung für individuelle Wintergärten der gehobenen Klasse auf meiner frei zugänglichen, Wind umtosten und regennassen Terrasse dekorativ arrangieren wollte.

Er hatte nicht mitbekommen, dass der redselige Repräsentant der ökologischen Glashäuser bei mir auf Granit gebissen hatte, vom Arbeitgeber eine Abmahnung wegen Erfolglosigkeit erhielt, aus Scham darüber in ein Callcenter wechselte und nun am Telefon ratlose Konsumenten berät, die ihre Probleme mit verkalkten Kaffeemaschinen allein nicht lösen können.

Ich konnte mich bisher immer noch nicht so recht entschließen. Es leuchtet ja ein, auf der verglasten Terrasse, frei von den schlimmen Treibhausgasen …

Moment mal, wettern unsere verehrten Umweltfreunde nicht unentwegt gegen diese bösen Gase. Entstehen sie nun in einem Treibhaus oder gleichartigem Wintergarten, oder entstehen sie nur drum herum? Da sollte ich doch einmal einen Techniker fragen.

Man muss aber doch zugeben, dass auf alle Fälle das Wort »Treibhaus« im politischen Klima so einen gewissen negativen Touch bekommen hat. Eine Investition, die auch nur annähernd damit in einen Zusammenhang gebracht werden könnte, möchte ich meiner Familie und meinen lieben Nachbarn nun doch wirklich nicht zumuten.

KOMMUNIKATIONSPROBLEME

Man kann sich gar nicht mehr so richtig auf die Natur im, auf und unter der Terrasse und Garten konzentrieren, dauernd ist man gezwungen, zu kommunizieren. Davor schützen kein fortgeschrittenes Alter, kein Tinnitus und keine vorgeschobene Flucht. Man wird immer erreicht. Und immer von den Falschen!

Lange galt meine Terrasse als ein geheiligtes Refugium, in dem ich mir das Recht nahm, mit mir selbst, der Natur und anderen natürlich abwesenden Personen, undurchsichtigen Organisationen, Verwandten und weiteren erfreulichen und unerfreulichen Erinnerungen stille Zwiesprache zu halten.

Das ist längst vorbei.

Wenn es mir auch gelang, die Installation eines wetterfesten umweltfreundlichen Fernsehgeräts auf der Terrasse zu verhindern, so musste ich es zulassen, dass Spezialisten in meinem Haus eine moderne Telefonanlage installierten. Perfide wie die Welt sich heute zeigt, habe ich sogar selbst die entsprechenden Geräte aussuchen müssen. Dramatisch wie bei einem Duell. Der Herausgeforderte darf die Waffe wählen, mit der er dann umgebracht wird.

Ich wählte das heute übliche und allen verständliche IP als Basisanschluss für Tele- und Datenkommunikation mit weiteren Optionen. Das heißt, sollten diese Waffen mich nicht kaputt kriegen, so gestatte ich es meinen Gegnern, weitere Mittel einzusetzen, um mir den Rest zu geben. Masochismus nennt man das.

Während früher zwei in der Wohnung platzierte, gemütliche Telefone auskömmlich für alle mitteilungsbedürftigen Familienmitglieder diese mit wichtigen Nachrichten aus Schule, Turnverein und Nachbarschaft versorgten, gibt es jetzt drei Telefonstationen und zwei Personal-Computer-Kommunikationscenter im Haus. Zwei der Telefonstationen sind als mobile Einheiten ausgeführt; können also in die restlichen Räume mitgenommen werden, die von der allgemeinen Kommunikationssucht noch ausgenommen sind. Dazu gehört auch meine Terrasse mit angeschlossenem Garten. Dieser nach oben offene Raum ist jetzt als Kommunikationsreflektor zwei klassifiziert. Ganz automatisch nehme ich bei Aufenthalt und Arbeiten im besagten Kommunikationsreflektor ein Mobilteil des digitalen DECT-Telefons mit dem praktischen Trageclip an mich, nur um auch dort ständig erreichbar zu sein. Irgendwie muss ja per kalkuliertem Nervenzusammenbruch das Individuum kleinzukriegen sein.

Selbstverständlich hat das fürsorgliche Telekommunikationsinternehmen uns mit weiteren Telefonnummern versorgt. (Ich kann mich erinnern, dass ich einmal froh war, nach einer Wartezeit von zwei Jahren überhaupt eine einzige zu erhalten.)

Sparsam, wie wir nun einmal sind, begnügen wir uns eben nur mit einer Nummer, nämlich der alten. Ruft uns nun eine Ahnungslose oder ein Ahnungsloser an, so bimmelt es – richtig ausgedrückt: So ertönt an allen Stationen der Tonruf. Nimmt zufällig derjenige der Familie zuerst den Hörer ab, den die Anruferin oder der Anrufer sprechen möchte, so hat sie oder er viel Glück gehabt. Ist das nicht der Fall und ist das Mitglied unserer Familie gezwungen, intern weiterzuverbinden, können psychische Verletzungen des externen Telefonpartners nicht mehr ausgeschlossen werden.

Hier offenbart sich nämlich die Tücke moderner Kommunikationsgeräte, wenn technisch etwas zurückgebliebene Menschen gefordert sind, diese Apparaturen auch richtig zu bedienen.

Mir fehlt meistens die Brille, wenn ich aus purem Leichtsinn das Tonruf signalisierende und von fremden Leuten aktivierte Telefongerät in die Hand nehme. Wie so oft bin ich überhaupt nicht gemeint, was mir der Gegner/die Gegnerin am Telefon auch dann unmissverständlich klar macht, also muss ich weiterverbinden. Habe ich zufällig das digital betriebene ISDN-Gerät in die Hand bekommen, so muss ich das winzige Miniaturknöpfchen ›R‹ und dann die interne Apparatenummer wählen, wo ich den gewünschten Partner/Partnerin im Hause vermute. Spreche ich von einem analogen Gerät aus, so muss ich das noch kleinere Knöpfchen ›INT‹, das mir das mikroskopisch kleine Display pfadfinderisch vorgibt, bedienen.

Ohne Brille finde ich beide Knöpfe auf den handlichen und ergonomisch optimierten Geräten absolut nicht wieder, und mein Tastsinn lässt auch mehr und mehr zu wünschen übrig.

Meistens ernte ich Unverständnis, wenn ich die anrufende Person um etwas Geduld bitte, weil ich zunächst meine Brille suchen muss, was ich selbstverständlich nicht zugebe. Ich versuche, den ungeduldigen Menschen am anderen Ende der Kommunikationslinie mit ein paar politischen Wahrheiten aufzuheitern, oder aber einen Bericht über den aktuellen Blütenstand der nördlichen Hemisphäre zu geben, wenn ich mich zufällig auf der Terrasse befinde.

Man könnte, wie früher auch, einfach den verdammten Apparat auf dem Schreibtisch liegen lassen, zur Tür gehen, ins Treppenhaus den Namen brüllen und sich einen Dreck darum kümmern, ob der oder die Betreffende der Familie nun kommt oder nicht. Aber nein, der Ehrgeiz lässt das nicht zu.

Habe ich die Brille gefunden oder zufällig auf der Nase sitzen, bediene ich selbstverständlich und souverän die richtigen Knöpfe. Trotzdem klappt die Verbindung selten, entweder ignoriert der Gesuchte den Hilferuf, weil das Telefon zwar bimmelt, aber nicht aufzufinden ist, oder aber er/sie haben ihrerseits vergessen, welche Knöpfe zu bedienen sind, um das Gespräch anzunehmen.

Wie mir eine genervte Anruferin kürzlich verriet, (ich musste sie einfach einmal zu Kaffee und Kuchen in eine Konditorei einladen, weil sie mir drohte, zukünftig nur noch Telegramme zu senden) wird die/der verzweifelt Wartende während des internen Schaltvorgangs mit einer schönen Musik aus einer Blechbox versorgt. Aus unserer privaten Telefonanlage – das macht einen so richtig stolz – scheint eine Melodie zu erklingen, die Ähnlichkeit mit dem schottischen Volkslied ›Greensleeves‹ hat, aber nur dann, wenn eine Steelband aus der Karibik dieses Lied nach den

Noten ›Sah ein Knab' ein Röslein stehn‹ im Dunklen bei einem starken tropischen Wolkenbruch spielt.

So ganz nebenbei: Meine Frau hat diesen meinen Opfergang in die Konditorei überhaupt nicht nachempfinden können!

Clevere Bekannte und Verwandte, insbesondere jüngere, haben inzwischen kapiert, dass unsere Familie das Telefonieren wohl nicht mehr lernt. Sie kommunizieren nun per E-Mail über meinen oder den PC meines Sohnes. Hilft ihnen auch nicht viel, denn wir rufen nur einmal in der Woche und auch nur bei Regenwetter aufgelaufene Nachrichten vom Server der Provider ab. (Jetzt verlange keiner von mir, dass ich ihm erkläre, was ein Provider ist!)

Das Besondere an unserer neuen Telefonanlage ist überhaupt hervorzuheben; intern geführte Gespräche sind gebührenfrei! Ich habe mich ausgiebig mit meiner Frau über die neue Personalbesetzung unserer Stadtverwaltung nach der Kommunalwahl unterhalten. Meine liebste Angetraute stand dabei in der Küche und ich saß im Wohnzimmer nebenan. Keinen Pfennig hat uns das gekostet! Wenn das nun kein Fortschritt ist?

Ohne Zweifel hat meine Terrasse mit angeschlossenem Garten durch den Anschluss an das Menschen verbindende Kommunikationssystem an Wert gewonnen. Ich muss einfach erkennen, dass ich mich durch den Aufenthalt auf dieser nicht mehr meinen Mitmenschen entziehen darf. Ich schäme mich, früher diese Arroganz offen gezeigt zu haben. Heute bewege ich mich frei und für jedermann erkennbar mit dem Telefon am praktischen Trageclip ausgerüstet, in allen Lagen ansprechbar.

Die Reichweite des mobilen Telefons ist aus technischen Gründen leider begrenzt. Beim Ausprobieren des realen Funktionsbereichs testete ich den Aufenthalt im Garten, hinter den Nachbarhäusern und dem Garagenhof mit gutem Erfolg.

Beim Überqueren der Straße allerdings zeigte sich das sonst so leistungsbereite Gerät überfordert, es tat keinen Mucks mehr. In dem Moment kam mein Nachbar daher:

»Aha, jetzt ist auch endlich bei dir die totale Kommunikation angesagt, was? Zeig mal her!«

Dabei nahm er mir das Gerät aus der Hand. Horchte hinein, drehte es um. Testete alle möglichen Tasten. Hörte und sah nichts. Schweigend gab er mir das Wunderding zurück und wendete sich zum Gehen. Ich höre ihn heute noch, kopfschüttelnd und immer wieder murmelnd: »Rennt der da mit einer Attrappe durch die Gegend. Hat's wohl nötig!«

REMINISZENZEN AN EINEN SCHÖNEN SOMMER

Es ist inzwischen November geworden. Auch dieser Monat spendet noch ein paar schöne Tage. Der Garten wurde inzwischen aufgeräumt, für den Winter gerüstet. Die Topfpflanzen nehmen jetzt meinen Platz auf der Terrasse ein. Eine Sorge bereitet mir der Oleander, den ich in meiner Not inzwischen auf dem Rasen ins Erdreich eingebuddelt hatte, was ihm sehr gut bekam. Nun droht allerdings der kommende Frost. Da muss ich mir noch etwas einfallen lassen.

Ich denke da an eine transparente Thermoverkleidung mit Zusatzheizung und möchte dafür einen Antrag auf Subvention stellen. Schließlich handelt es sich bei der Pflanze um eine Bewohnerin der Europäischen Union, die den Schutz der Gemeinschaft beanspruchen darf. Dieses Vorhaben muss energisch von unseren tapferen Politikern im Europarat gefördert werden, ist doch hier eine gefährdete Minderheit betroffen, die zwangsweise – nicht freiwillig – in unseren kühlen Norden umgesiedelt wurde.

Ein paar Mücken tanzen ihren spielerischen Reigen in der noch warmen Novemberluft über dem feuchten Rasen. Unverdrossen zeichnen sie kühne Linien, Spiralen gleich, in der Licht durchfluteten, klaren Luft. Sie wollen mit ihrem Tanz das Vergängliche der Welt widerlegen und singen dabei ein Lied, das etwa so klingen könnte: »Seht, wir leben immer noch. Was kümmert uns das vergangene Jahr, das vergangene Jahrzehnt, das vergangene Jahrhundert, das vergangene Jahrtausend. Wir tanzen in die Ewigkeit und fordern alle anderen auf, es uns gleichzutun.«

Glückliche Insekten!

Der Sommer in unserem Lande war ja auch so, als wäre er für die Ewigkeit gemacht. Unseren Kurzausflug nach Italien hatten wir schnell abgebrochen; das Wetter dort war einfach zu schlecht.

Ganz anders auf unserer Terrasse. Fast jede Mahlzeit wurde im Freien abgehalten. Das totale Familienleben spielte sich auf der Terrasse ab. Frei und offen, zugänglich für jeden. Zwar bedeutete diese südländische Lebensweise erhebliche Einschränkungen für mich und die anderen schon beschriebenen Lebewesen, die allgemeines Wohnrecht genießen, aber flexibel, wie man sich heute einfach geben muss, wurde alles gemeistert.

Allerdings: Die Ruhe war dahin.

Mein Sohn verlegte seine Studienaktivitäten vom PC-Standort Dachkammer auf den Kombiliegestuhl in Rasenmitte und bewegte sich von diesem nur, wenn eine Mahlzeit auf der Terrasse einzunehmen war. Natürlich kann er noch nicht auf den fachlichen Beistand seines Vaters verzichten. Als wir beide intensiv und gemeinsam studierten, brach der elegante Liegestuhl unter der Last der geistigen Kapazitäten mit einem verzweifelten Seufzer in sich zusammen. Diese Katastrophe ließ nun der Hersteller der »unverwüstlichen« Gartenmöbel aus handverlesenem Kunststoff nicht auf sich sitzen und lieferte im Rahmen großzügiger Kulanz kostenlos die zerstörten Einzelteile.

Das schöne Wetter vermied die sonst üblichen wöchentlichen Rasenrasuren, weil das Gras eben nicht die zum Wachstum notwendige Feuchtigkeit im ausreichenden Maße genoss. Dennoch führte ein nicht notwendiger Einsatz des Rasenmähers zum Bruch desselben. Ein Stück Kunststoff des unverwüstlichen Liegestuhls war in das wild rotierende Messer geraten und hat für die außerplanmäßige Stilllegung gesorgt. Dieser Zustand hält bis jetzt an. An einer Lösung wird hektisch gearbeitet.

Der schöne Sommer ist weiterhin verantwortlich für nachfolgend aufgeführte Schäden:

- Hautoberfläche unseres Sprösslings (Sonnenbrand)
- Bruch des gusseisernen Grillrosts (Onkel Karl, ausgeliehenes Kinderdreirad, Kollision)
- Starker Schwund des Weißweinbestands (Vermutlich Verdunstung)
- Beeinträchtigung der Freundschaft mit unseren Italienern (Purer Neid der Südländer)

Eigentlich muss ich mich schämen. Diese Aufzählung kennzeichnet unbewusst eine peinliche deutsche Tugend. Nur das Unangenehme bleibt haften und wird pedantisch in unserem Oberstübchen registriert. Statt uns an die Freuden dieses seltenen Sommers zu erinnern, fällt uns stets das Negative ein.

Denken wir doch lieber an die vielen Abende, an denen wir bis spät in die Nacht auf der Terrasse saßen und uns lieb gewordene Geschichten aus der Jugendzeit erzählten.

Denken wir an die vielen Gäste, die wir bewirten durften, und die unseren Durst nach intellektueller Unterhaltung befriedigten.

Dabei fällt mir der Trinkspruch aus Ostwestfalen ein, den ich irgendwo aufschnappte, und der von uns und unseren Freunden immer wieder wegen seiner Genialität zelebriert wurde:

»Du verdammtes Teufelszeug,
hast schon den Vater hingemeucht.
Nun willst du auch noch mich,
weg mit dich!«

(Für Unkundige: Bei den Worten »Weg mit dich«, muss der Inhalt des vollen Glases schnell in die ausgetrocknete Kehle gekippt werden!)

Gegen zwei Uhr nachts wollte sich ein in entfernter Nähe wohnender Philologe mit einem eilends geliehenen Jagdgewehr erschießen. Seine Frau konnte ihn nur mit Mühe von dieser unseligen Tat abbringen. In Anbetracht ihrer sonst glücklichen Ehe bat sie mich, doch am Schluss des Spruchs den Dativ zu benutzen und »Dir« zu sagen, dem ich selbstverständlich zustimmte.

Inzwischen sangen meine Freunde gemeinsam den Spruch nach einer Opernmelodie, die mir allerdings entfallen ist. Trinken taten sie jedoch jeder für sich. Da wir uns der Lyrik verschrieben haben, konnten wir auf den Reim nicht verzichten und sangen:

»… nun willst du auch noch mir,
weg mit dir!«

Der Philologe hat sich und seine Frau nicht umgebracht. Er hat einen Job bei der Regierung angenommen und wohnt jetzt in Berlin.

Erfreuen wir uns im Nachhinein noch an der Blumenpracht auf Terrasse und Garten. Da unsere Freunde immer noch der Meinung sind, dass ich der Gartenpfuscher in Person sei, der nie und nimmer eine Blume zum Blühen bringt, schleppten sie jede Menge Schnitt- und Topfblumen an, deren Unterbringung mir mehr und mehr Probleme bereitete. Leider gibt es noch keine mildtätige Organisation, die auch Blumen und Pflanzen sammelt und hilfsbedürftigen Personen zugutekommen lässt. Also verteilte ich die wohlgemeinten Mitbringsel gleichmäßig und heimlich in Flur und Auen. Stramme Wanderer rieben sich verwundert die Augen, als sie an der Waldkreuzung zwischen Wanderweg A 1 und A 86, wo weit und breit kein Haus steht, plötzlich eine voll erblühte, blaublass-grüne Hortensie erblickten, die, wie am Ort gewachsen, ihre schlanken Zweige mit den aufgemotzten Blüten der Sonne entgegenstreckte. Dass es sich um eine echte Pflanze handelte, konnte jeder am ins Auge stechende Schild(heute nennen wir es ›Label‹) des rechten unteren Hauptzweigs erkennen:

»Fällt dir was zu Pflanzen ein,
so sei ein Mensch und nicht ein Schwein.
Genieß die Schönheit der Natur
und denke nicht ans Fressen nur.
Man kauft die Blumen gut und billig
im Flowerpoint bei Haas und Willich.«

Wie ich später erfahren habe, hat diese harmlose Werbung zu einer erbitterten Auseinandersetzung der Bürgermeister unserer Nachbarorte geführt. Der Streit wurde erst beigelegt, als bekannt wurde, dass der reimende Blumenhändler weder in dem einen, noch in dem anderen Ort wohnte, sondern seinen Laden in einem Vorort von Hamburg betreibt.

Der Verbrauch an Speiseeis auf unserer Terrasse nahm ungeheure Ausmaße an. Die nahe gelegene Eisfabrik konnte nicht mehr mit der Produktion nachkommen. Die günstige Gelegenheit hat das Konzernmanagement – beheimatet in einer fremden Stadt – wahrgenommen und die Fabrik geschlossen, weil es unter Managern als modern gilt und schon seit Langem beschlossene Sache war. Es ist bedauerlich, dass wir einfachen Verbraucher mit unserem Konsumverhalten immer das Gegenteil dessen erreichen, was wir eigentlich mit unserer guten Absicht bezwecken möchten.

Wenn ich auch immer an den jeweils herrschenden Regierungen schier verzweifle, so muss ich im Nachhinein doch zugeben: Den Sommer, den hat sie gut hingekriegt!

DER FLECK

Auf der freiwilligen Suche nach versteckten Spinngeweben, die meiner geheim gehaltenen Putzsucht bisher entgangen waren, entdeckte ich am ersten Tag des goldenen Oktobers an der weiß getünchten Decke unseres Wohnzimmers einen Wasserfleck. Vielleicht hätte ich den Fleck schon früher wahrgenommen und dadurch Schlimmeres verhindert, aber das Schicksal wollte, dass ich auf der Terrasse lange unabkömmlich war.

Böses ahnend, übersah ich bei der ersten Inspektion großzügig das hässliche Mal. Die Begegnung mit der dritten Dimension hatte sich jedoch unauslöschlich in meinem Gehirn eingebrannt, zumal das Zeichen der mysteriösen Undichtigkeit im wahrsten Sinne des Wortes wie ein Damoklesschwert über meinem Haupt schwebte, weil sich mein angestammter Platz am Esstisch unmittelbar darunter befand.

Sehr lange konnten der Fleck und ich das Geheimnis nicht für uns behalten. Das schlechte Gewissen zwang mich, alles zu offenbaren.

»Ja, was machen wir nun?«, fragte kategorisch der gesamte einberufene Familienrat.

Das hatte ich befürchtet.

Denn nun musste gedacht und gehandelt werden. Eine äußerst fatale Situation. Die Ursachenforschung stellte sich allerdings als nicht so schwer heraus, da die Baupläne auf ein darüberliegendes Badezimmer mit fließendem Wasser hinwiesen. Das fand ich dann auch.

Nun gibt es in einem Badezimmer im Allgemeinen zwei Hauptarten des feuchten Elements: Leitungswasser und Abwasser, also gebrauchtes Leitungswasser. Beiden Arten ist zu eigen, dass sie sich in Röhren befinden, beziehungsweise gesammelt werden. Aus ästhetischen Gründen sind diese in einem ordentlichen deutschen Hause entweder fest in Betondecken oder tief im Mauerwerk erdbebensicher zementiert und unter schönen Kacheln verborgen. Das macht die Suche ja so spannend.

»Da müssen wir ran!«, entschied der herbeigerufene Spezialist, der auch herausfand, dass direkt über dem Fleck, also oberhalb der ehemals weißen Decke, die Dusche angeordnet war. Jetzt schienen wir der Schadensursache schon sehr nahe zu sein. Ein tiefer Blick unterhalb der ›Brausetasse‹ ergab aber keine offensichtlichen Undichtigkeiten. (Aus der Brausetasse trinkt man keine Brause, sondern man duscht allgemein darin.)

»Dann müssen wir aufmachen!«, diagnostizierte daraufhin der Fachmann wie ein Chirurg, dem der schmerzende Furunkel vorgestellt wird. Leider konnten »wir« die Arbeiten noch nicht angehen, da der junge sympathische Mann zuvor heiraten wollte. Als ich hörte, dass er eine junge Dame zur Vermählung ins Auge gefasst hatte, ließ ich ihn beruhigt in Frieden ziehen. Ich bin da immer noch sehr altmodisch eingestellt, müssen Sie wissen.

Großzügig erbot ich mich, schon einmal mit den Vorarbeiten zu beginnen, was er mit leicht kritischem Blick auf mich schließlich billigte.

Das Badezimmer wurde umgehend zur Baustelle erklärt. Die notwendigen Arbeiten wickelte ich mit Übersicht und großer Akkuratesse ab. Das Ansetzen zum ersten Schlag mit dem scharfen Meißel in die heilen und zudem noch unschuldigen Fliesen tat mir in der Seele weh. Das war sicherlich auch der Grund des leichten Konzentrationsmangels.

Da die Hochzeitsreise etwas länger dauerte, konnte ich in aller Ruhe den lädierten Daumen meiner rechten Hand ohne sonderlichen Zeitdruck kühlen und kurieren.

Bis zur Rückkehr des glücklichen Ehemanns hatte ich aber, trotz quälender Behinderung, den Duschaufsatz und die Brausetasse demontiert und einen Teil der Leitungen freigelegt. Beide Bauteile überstanden diese sachgerechte Demontage nur mit erheblichen Beschädigungen, die natürlich auf den ursprünglichen dilettantischen Einbau durch die sich längst im Ruhestand befindlichen Handwerker zurückzuführen waren.

Eine Leckage fanden wir nicht.

Daraufhin wurde eine größere Fläche der die Sicht behindernden Fliesen und dem sich darunter befindlichen Mauerwerk mit grobem Werkzeug entfernt und zu handlichem Bauschutt verarbeitet, bis tatsächlich eine undichte Lötstelle in der Wasserleitung lokalisiert wurde.

Nach dieser Entdeckung, die von der ganzen Familie gefeiert wurde, weil sie dem Ereignis eines Schatzfundes gleichkam, tat sich auf der Baustelle über Tage nichts, denn nun war die Versicherung am Zug.

»Ja, selbstverständlich«, sagte die Versicherung nach einer längeren Zeit stiller und intensiver Prüfung, »wir haben den Schaden zur Kenntnis genommen und registriert. Die Abwicklung haben wir an die Firma ABC übertragen, die sich ohne Aufforderung umgehend bei Ihnen melden wird.«

»Ja, selbstverständlich«, sagte die Firma ABC im einhundert Kilometer entfernten Standort auf meine nervöse Anfrage hin, »auf jeden Fall kommen wir, wenn der Chef wieder einmal eine Tour, die in Ihre Gegend führt, zusammenstellt. Zurzeit hält er sich in den neuen Bundesländern auf. Sehr viele Schäden dort ...«

Nach vierzehn Tagen schon erschien der sehr gestresste Beauftragte der Versicherung, sah sich den Schaden an und verhandelte. Zweifellos in der Absicht, die Kosten für die Versicherung möglichst gering zu halten, traf er auf einen Verhandlungspartner, dem sehr daran gelegen war, die Baustelle nicht noch zu erweitern (Wenn beispielsweise alle Fliesen auszutauschen gewesen wären, weil die ursprünglich verlegten heute nicht mehr zu bekommen sind.). Man einigte sich, nur die Kacheln im Duschbereich zu erneuern. Die Kosten einer neuen Duschkabine oblag leider dem Hausherrn.

»Ja, selbstverständlich«, sagte das Fachgeschäft, »danken wir sehr für die Erteilung des Auftrags. Die Abwicklung dafür haben wir der Firma DEF übertragen, die sich ohne Aufforderung umgehend bei Ihnen melden wird. Sie nimmt zunächst in Ihrem Hause das Aufmaß, leitet dieses an den Hersteller MNO weiter, der uns dann ein Angebot übermittelt, welches wir Ihnen sofort nach Erhalt aushändigen werden.«

Inzwischen hatte die Familie sich darauf eingestellt, nicht zu umgehende Reinigungsprozeduren in der bisher kaum benutzten Badewanne zu absolvieren. Die Wanne, daran gewöhnt, lediglich als trockener Aufbewahrungsort für unentbehrliche, aber niemals verwendete Schönheitsmittel zu dienen, streikte wegen der häufigen Nutzung. Sie führte einfach das gebrauchte Wasser nicht mehr ab.

»Ja, selbstverständlich«, sagte der angerufene Notdienst für verstopfte Badewannen. »Das schauen wir uns doch gleich einmal an. Die Firma GHI wird sich ohne Aufforderung umgehend bei Ihnen melden.«

So lange konnten wir nun nicht mehr warten, also machte ich mich selbst an das schwierige Werk und stellte ein in der Bauphase gut vermauertes Abflussrohr fest, welches ich nur unter Einsatz bergmännischer Mittel wieder zum Abfließen überreden konnte.

Inzwischen hatte der junge Ehemann, seines Zeichens Installationsmeister, den Schaden an der Wasserleitung in kürzester Zeit behoben und auch eine neue Brausetasse installiert. Nun konnte die Firma DEF kommen und die Maße für die neue Duschkabine aufnehmen.

»Ja, selbstverständlich«, sagte der Fliesenlegermeister, »eigentlich handelt es sich bei dem von Ihnen geschilderten Fall zunächst um reine Maurerarbeiten, die wir normalerweise von der Firma JKL ausführen lassen. Da aber auch vorab zwei Fliesen anzupassen sind, werden wir alles übernehmen. Wie ich die Situation übersehe, haben wir aber noch viel Zeit, denn Ihre neue

Duschkabine wird ja frühestens in vier bis sechs Wochen geliefert. Wir planen das alles automatisch ein und melden uns ohne Aufforderung wieder bei Ihnen. Denken Sie bitte daran, dass wir zwischen Weihnachten und Neujahr nicht arbeiten werden!«

»Ja, selbstverständlich« sagte das Fachgeschäft, »haben wir eine gute Nachricht für Sie. Der Hersteller MNO wird die Kabine noch in diesem Jahr liefern. Somit wird sich die Firma DEF ohne Aufforderung umgehend mit Ihnen in Verbindung setzen und einen Termin wegen des Einbaus vereinbaren.«

»Ja, selbstverständlich«, sagte die Firma DEF, »möchten wir die Kabine am dreißigsten Dezember bei Ihnen einbauen. Leider hat das Fachgeschäft in dieser Zeit geschlossen. Können wir die Teile solange bei Ihnen lagern?«

Das war nun leider nicht möglich, da sich die Kinder und die Oma angesagt hatten und alle Räume belegt waren. Mit einem sehr schlechten Gewissen erteilte ich der Firma DEF die Absage. Es war schon schwierig genug, der Oma klarzumachen, dass unser Badezimmer zu einer ewigen Baustelle mutiert war, und wir ihr zumuten mussten, täglich in die monströse Badewanne zu klettern.

An Silvester stand die neue Duschkabine. Die Maurerarbeiten waren ausgeführt. Es fehlten nur noch die inneren Kacheln.

»Ja, selbstverständlich«, sagte der Fliesenlegermeister im angelaufenen neuen Jahr. »Sie hätten gar nicht anrufen brauchen. Ich hatte Ihren Termin schon eingeplant, aber leider ist da noch etwas dazwischengekommen. Unser Mann kommt sofort Ende nächster Woche zu Ihnen und in Nullkommanix ist die Arbeit erledigt – bis auf die PVC-Fugen. Solche Arbeiten haben wir der Firma PQR übertragen. Diese meldet sich ohne Aufforderung …!«

Über den Fleck an der Decke ist erklärlicherweise Gras gewachsen. Ich hoffe, es kommt nun keine Kuh, die die Wände hochklettern kann und das Gras wieder abfrisst.

WINTERSCHLAF

Der erste Schnee fällt im November. Vorsorglich wie ich nun mal bin, habe ich längst alle notwendigen Vorkehrungen getroffen, um dem harten Winter im kargen Bergischen Land zu trotzen. Bis auf wenige Kleinigkeiten bin ich im Plan. Die übrig gebliebenen Unterlassungen sind an den Fingern einer Hand aufgezählt und nicht der Rede wert:

- Wasserhahn auf der Terrasse **nicht** abgestellt
- das große Pampasgras **nicht** zusammengebunden
- Blumenzwiebeln **nicht** eingepflanzt
- Futterhäuschen **nicht** instandgesetzt
- die Töpfe mit den verblühten Blumen an der Terrassenwand **nicht** geleert

(Die Fortsetzung der Aufzählung muss wegen fehlender Kapazität an der oben erwähnten Hand unterbleiben.)

Eisig fegt der Wind über die Terrasse, fängt sich in den Winkeln und wirbelt das Laub der vergangenen fünf Jahre übermütig in die Höhe. Am großen, bis auf den Boden reichenden Fenster drängeln sich die Kübel mit den frostempfindlichen Gewächsen. Dazwischen stehen kleine, mit hochwertiger Blumenerde gefüllte Blumenschalen, in die meine Frau die ihrer Obhut übertragenen Blumenzwiebeln selbstverständlich rechtzeitig versenkt hat.

(Ich rede seit meiner Zeit bei der christlichen Seefahrt immer gerne vom »Versenken« und weniger gerne vom »Vergraben«. Das hört sich so nach Diebesgut oder illegaler Beerdigung an.)

Das Ganze ist mit einer schützenden Kunststofffolie bedeckt, die sich leider nicht so verhält, wie ich es gerne hätte. Sie lässt sich zu sehr ablenken und beeinflussen, vor allem von dem stürmisch werbenden Wind, der unter sie fährt, sie hoch in die Luft hebt und sie dann am Schluss der tobenden Ekstase in den hohen Fichten beim Nachbarn erbärmlich hängen lässt. Nur unter großen Mühen kann ich sie befreien. Beim Zerren an den bereits mit Schnee bedeckten Zweigen fällt mir eine Portion von mehreren Kilogramm des winterlichen Weiß in den Kragen. Richtig unangenehm!

Erneut wird die Folie über die empfindlichen Pflanzen gelegt. Dieses Mal beschwere ich die Enden mit schweren Gegenständen. Dabei kommt mir zugute, dass die gesammelten Steine des nicht realisierten Steingartens überall herumliegen und somit einem nützlichen Zweck zugeführt werden können.

Der Schnee bedeckt den ganzen Garten und Teile der Terrasse. Beim Öffnen der Terrassentür wirbelt der Wind beflissen die Schneeflocken ins Innere des Hauses, um auch den drinnen hausenden Höhlenbewohnern klarzumachen: »Jetzt herrsche ich, der Winter! Nun merkt ihr, dass eure schöne Evolution ins Stocken geraten ist, was? Verkriechen müsst ihr euch wieder, ihr traurigen Neandertaler, weil nicht weiterentwickelt, weil ihr immer noch nicht winterfest seid!«

Die Liebe zu den draußen verbleibenden Kreaturen verpflichtet mich, noch einmal eine Expedition in die Schnee- und Eiswüste in Angriff zu nehmen, um Vogelfutter ins Futterhäuschen zu schütten, und einige Meisenknödel in die schwankenden Zweige der halbhohen Sträucher zu hängen.

Die Meisenknödel heißen wirklich so. Da geht der sonst so pingelige Deutsche mit seiner Sprache ziemlich fahrlässig um.

Es gibt Semmelknödel, die sind aus Semmeln gemacht und zum Essen bestimmt. Es gibt auch Kartoffelknödel, die bestehen aus einem Kartoffelkleister und werden nach dem Kochen auch aufgegessen. Demzufolge denkt der nicht so in der deutschen Sprache bewanderte Außeneuropäer: »Da hängt dieser Fiesling so einen heimtückischen Knödel in seinen Baum, um damit die armen unschuldigen Meisen zu fangen, die dann gekocht und von dem ewig hungrigen Kerl aufgefressen werden!«

Die Amseln warten schon auf die erste Ration des Vogelfutters. Freudig, mit den schwarzen Flügeln flatternd, umkreisen sie mich, bis ich wieder in dem zum Sumpf gewordenen Rasen stecken bleibe. Mit weit ausholenden Armen, ähnlich dem Sämann in unserem Lesebuch für die ersten Klassen der Volksschule im Jahre 1943, verteile ich großzügig das Futter. Die Gewichtserleichterung ermöglicht die rasche Befreiung aus dem Sumpf.

Im vergangenen Jahr ging mir unversehens das Vogelfutter aus. Als Ersatz klaute ich meiner Frau ihr Spezialmüsli mit den ballaststoffreichen, cholesterinfreien und vier wichtigen Vitaminen angereicherten Komponenten der gesunden und ausgewogenen Mahlzeit. Ich pickte mühsam die Rosinen aus der Masse der Körner, weil ich glaubte, dass die Vögel dieses Zeug nicht vertragen, und verfütterte das übrig gebliebene Getreide an die dankbaren Gesellen mit den meist schwarzen Federn.

Wie groß war mein Erstaunen, als ich beim Kauf neuen billigen Vogelfutters genau die Mischung einschließlich Rosinen vorfand, die meine Liebe jeden Morgen mit Appetit verspeist. Ich habe weder den Vögeln noch meiner Frau die Entdeckung der Meisterleistung des Müslihändlers verraten. Der Schock wäre sicherlich für sie unerträglich geworden.

Das Aufhängen der Meisenknödel gestaltet sich schon schwieriger. Dieses Mal bekommt meine Brille eine Ladung Schnee ab. Fast im Dunkeln stehend, fummel ich am Bindfaden und Knödel und versuche, beide an einem für mich viel zu hohen Ast fachmännisch mit einem sicheren Weberknoten zu befestigen. Der Schnee findet jetzt auch einen Weg in meine Ärmel und wirkt ziemlich belustigend an der Oberfläche meiner umfangreichen Hüfte.

Nach circa drei Stunden kann ich die Expedition als erfolgreich bezeichnen und abschließen.

Mit stiller Freude und Genugtuung schaue ich den Amseln und dem Rotkehlchen zu, die es sich an ihren Futterplätzen gemütlich gemacht haben und sich an den Körnern und Knödeln laben.

Was bin ich doch für ein guter Mensch!

Bis auf wenige Arbeiten ist nun alles bestellt und kann sich jetzt selbst überlassen bleiben. Die das Jahr über auf der Terrasse verwendeten Arbeitsmittel, als da sind Bierflaschen und bequeme Sitzgelegenheit, finden nun Platz im Inneren des Hauses. Leider gibt es für mich keinen angestammten Raum, da die mobilen Kinder und die agile Ehefrau einmal diesen Raum und einmal jenen Raum benötigen, um entweder die private Kleidersammlung dekorativ aufzubauen, oder aber die Akustik des jeweiligen Raums zu testen, der in Zukunft eine siebenköpfige Rockband mit Independent-Charakter aufnehmen soll.

Da hat man schon Mühe, sich auf den Winterschlaf vorzubereiten.

Ich komme mir dann vor wie ein müder Grizzlybär in Nordamerika, der in seiner Höhle einfach keine Ruhe findet, weil junge Boyscouts (Pfadfinder) auf der Suche nach der Büchse der Pandora sind, da das amerikanische Waffengesetz ihnen in Zukunft vielleicht keinen eigenen Colt mehr gestatten wird.

Im Großen und Ganzen geht es aus Erfahrung ruhiger zu. Die Hektik der vergangenen Monate ist Geschichte geworden.

Die sich im Winter überschlagenden Events kultureller Belästigung erzeugen nur mäßigen Stress. Opern- und Konzertbesuche absolviere ich mit links. Das Laienspiel der Kreis-Schlossermeister in der Burgruine unter freiem Himmel Ende Januar wird vorübergehend meinen Adrenalinspiegel etwas ansteigen lassen. Da solche Veranstaltungen aber stets einem ideellen Zweck dienen, muss man halt gute Miene zum leichten Spiel machen.

Selbst hat man ja auch ein paar Gesellschaften im Hause.

»Man kann nicht immer nur zu anderen Leuten gehen!«

Ich organisiere solche Festivitäten bei halbem Bewusstsein, weil ich mich ja im Winterschlaf befinde. Meine Freunde beiderlei Geschlechts wissen das inzwischen. Sie können aber auch die eigene Müdigkeit nur mühsam verbergen. Kaum, dass sie mich ansprechen. Es wird nur geflüstert, wenn ich in ihre Nähe komme. (Ich empfinde es jedenfalls so, es kann natürlich auch an meiner Schwerhörigkeit liegen.)

Wie gut, dass kuschelige Pyjamapartys – so mit nicht viel an – völlig aus der Mode gekommen sind!

So ganz kann ich meine geliebte Terrasse doch nicht ihrem Winterschlaf überlassen. Ich weiß zwar, dass ich sie störe, aber die Politik verlangt es, sie ist gegen uns.

Neben unserer Industrie, die man ja konsequent abbaut, geht's auch unserer elektrischen Energie an den Kragen. Genauer gesagt, es geht uns an den Kragen, denn wir, das Volk, sind von dem Strom abhängig. Alle sind abhängig, diejenigen, die ihn erzeugen und diejenigen, die ihn verbrauchen. Eine politische Minderheit zwingt uns permanent, den Stromkonsum drastisch einzuschränken. (Dabei fällt auf, dass offensichtlich in Deutschland nur Minderheiten das Sagen haben, und das nicht erst seit fünfundfünfzig Jahren!)

Unfähig mich dagegen zu stemmen, spare ich nun auch.

Im Winter wird der Inhalt aller im Haus befindlichen Kühl- und Gefrierschränke sorgfältig auf der Terrasse aufgebaut und der stromsparenden Naturkühlung überlassen. Die Kühlschränke selbst werden außer Betrieb genommen und dienen vorübergehend der Aufbewahrung von politischen Manifesten, damit sie im Brandfalle vor der Zerstörung bewahrt bleiben.

Unsere Stromersparnis wird ungeheuer sein. Vermutlich müssen deswegen einige große Stromkonzerne mehrere Kraftwerke abstellen und die frei gewordenen Mitarbeiter in der boomenden Abfallwirtschaft einsetzen. Das Arbeitsamt wird dazu Umschulungskurse anbieten. So hat jeder etwas davon, das glaubt jedenfalls der stets naive Politiker.

Nur ich nicht, weil ich häufig auf die kühle Terrasse rennen muss, um irgendeine gekühlte Kleinigkeit zu beschaffen. Durch die dauernd offenen Türen steigt der Wärmebedarf, den ich durch einen erhöhten Energiebezug befriedigen muss.

Außerdem zieht es auf der Terrasse. Die Erkältungsgefahr

wächst. Der Konsum an Medikamenten steigt an. Das wiederum erzeugt in den pharmazeutischen Betrieben einen erhöhten Strombedarf. Die Konzerne lassen somit ihre Kraftwerke am Netz, weil sie auf jeden Fall um meine Gesundheit besorgt sind.

Letztlich ändert sich also gar nichts.

Das soll man nun aber mal einem Politiker klarmachen, der statistisch zu circa 60% aus akademischem Holz geschnitzt ist und mindestens Beamter, Lehrer oder Jurist gelernt hat.

Um nicht dem Vorwurf ausgesetzt zu werden, männliche Politiker zu diskriminieren, füge ich an: Politikerinnen sind allgemein hübscher, den oben angeführten Zusammenhang kapieren sie aber ebenso wenig.

So suche ich Trost in der Poesie, die mir die langen Wintertage und -nächte verkürzen und versüßen soll.

Aber auch hier sind eklige Realisten am Werk, die so rechte Freude einfach nicht aufkommen lassen wollen, wenn man sich erlaubt, das folgende Gedicht grob zu analysieren:

Frühling mit Glockenklang

Der Frühling wurde oft beschrieben
von Leuten, die das Schreiben lieben.
Doch selten wurde wohl bedacht,
dass es nur wenig Freude macht,
der Literaten Hochgefühle,
zu lesen in der Winterkühle.
Wenn Stürme über Häuser fegen,
und Eis und Schnee das Land belegen.
Am Sonntag früh beim Glockenklang,
legt einer sich viel lieber lang.
Dem anderen ist es tiefe Pflicht,
versäumt den Dienst am Herrgott nicht.
Doch beiden Menschen kurz und bündig,

ist es im Freien viel zu windig.
Sie ventilieren ihre Kräfte
und lesen nur der Dichter Hefte,
die Deftiges im Heim versprechen
und nicht im Walde Herzen brechen.
Geht's frisch im Frühling wieder raus,
dann sieht die Sache anders aus.

DER KROKUS

Wir schreiben den achten Februar. Der stürmische Wind peitscht fiese Regenschauer über meinen englischen Rasen und die graue Terrasse. Die Außentemperatur beträgt etwa acht Grad Celsius. Ich sitze in angenehmer Umgebung innerhalb der schützenden Mauern des Hauses und blicke träge – anders kann ich im Winter einfach nicht blicken – durch das große Terrassenfenster in den Garten. Schnee hat sich in diesem Jahr in unseren Breiten noch nicht wirklich sehen lassen. Auch der Frost hat sich wieder zurückgezogen, nachdem es ihm gelungen war, trotz angebrachter frostabweisender Vermummung, mein im Garten eingepflanztes Sorgenkind, den italienischen Oleander, um die Ecke zu bringen.

Das Gras erscheint richtig grün. Nicht so sehr dem sommerlichen Grün ähnlich, mehr dem winterlichen Grün, aber nicht ganz so heugelb. Es gleicht wohl dem Spanischen, das Eliza Doolittle in ›My fair Lady‹ so professionell besingt, aber nicht so südlich hart, mehr zarter, eher der Farbe eines frühreifen Laubfroschs angenähert.

Es ist einfach ein neues Grün, das sich da draußen zeigt; ich wage es nicht auszudrücken, ein frühlingshaftes Grün.

Nun ist es raus: frühlingshaft!

Welch ein vermessenes Wort zu Beginn eines Februars im rauen hügeligen Lande am Rande des prähistorischen Neandertals.

Das grüne Gras ist nicht zu leugnen. Es entspringt keineswegs der Fantasie eines vernebelten Dichters, den ohnehin die Farbblindheit geschlagen hat. Es ist die unglaubliche Realität, die den gewissenhaften Kalendermann vom Hocker haut. Für den herrscht immer noch der Winter, zumal der rote Weihnachtsstern, besser bekannt unter dem Namen Euphorbia pulcherrima (wobei einige deutsche Dialekte auch gern den geläufigen

Ausdruck Poinsettia pulcherrima benutzen), auf der Fensterbank im Wohnzimmer immer noch wie der Deibel blüht und es in der Kraft der Farbe mit den roten Fahnen der Gewerkschaften aufnehmen kann, die jahreszeitlich bedingt wieder zunehmend unsere deutschen Straßenbilder bereichern.

Nun habe ich es mir vom Grundsatz her angeeignet, bei allen außergewöhnlichen Ereignissen immer den Politikern die Schuld zu geben. Diese sind aber so sehr mit sich selbst beschäftigt, dass man sie wahrhaftig nicht für irgendwelche Tätigkeiten am Volke oder am Wetter verantwortlich machen kann.

Somit scheint die Natur ihre Hände im Spiel zu haben, was mich sehr misstrauisch macht. Da stimmt doch etwas nicht! Wozu haben schlaue Menschen Kalender, Jahreszeiten, Satelliten, Wetterberichte, Windmesser, Thermometer und Frösche in Gläsern erfunden, wenn die Natur doch macht, was sie will?

Denn nicht nur das frische Grün des Rasens verwirrt den Winterschläfer, sondern es zeigen sich auch die ersten neugierigen Blüten der Gänseblümchen. Wenn wir ihre Sprache verstehen könnten, würden wir hören: »Sieh her, verschlafener Nachkomme der versauten Nebenlinie des Neandertalers, wir trotzen den winterlichen Temperaturen, den Stürmen und den kalten Regenschauern. Zähle uns zu den ersten Boten des Frühlings, freue dich an der bunten Pracht und an der Lust, unsere Blüten dem Himmel entgegenzustrecken.«

Sie haben recht, diese wunderbaren Geschöpfe meines englischen Rasens.

Und noch ein erstgeborener Fürst des Frühlings hat sich angemeldet. Still und heimlich ist er in der Nacht emporgetreten, aus der dunklen Unterwelt an das graue Licht des trüben Februartags. Leuchtend gelb recken zwei noch geschlossene Blüten ihre schlanken spitzen Kelche in die Höhe. So hoch, dass sie das kurze Gras unter sich lassen und den schlanken Türmen gelb gekachelter Minaretts gleichen, die sich erhaben über die flachen Dächer der Hütten der Gläubigen erheben. In meinem

Garten stellt dieser Krokus das frühe Symbol des Frühlings in aller Pracht und Schönheit dar.

Auch nach der wilden Nacht mit Sturm, Gewitter und die Fläche bedeckenden eisigen Hagelkörnern stehen die starken Pfeiler der Iris unbeeindruckt wie Felsen in der Brandung des wehenden Grases.

Diese herrliche Pflanze in der leuchtenden Farbe symbolisiert die immerwährende Kraft der Natur, die Mächtigkeit des Lebens, den unerschütterlichen Drang des Frühlings, sich gegen das raue Regiment des Winters durchzusetzen.

Nicht der amtliche Kalender, nicht die variantenreichen und Zeit schindenden Wetterberichte der penetranten Medien, nicht die uralten Bauernregeln, sondern die entzückenden Blüten des Krokus verkünden mir den Frühlingsanfang.

Sie regen Gedanken und Ideen an. Richten sich diese Sendboten nicht nach dem wahren Gesetz der Zeit? Kann dieses Gesetz der Natur nicht uns Menschen, oder vielleicht einen Einzelnen, mich möglicherweise, von den Fesseln der manchmal unerträglichen Zivilisation befreien?

Nein, ich bin zu klein; nur große Geister dürfen sich den Naturgesetzen hingeben. Alle anderen haben sich dem Irrsinn unzulänglicher menschlicher Regelungen zu unterwerfen.

Ernüchtert betrete ich wieder den Boden der grauen Tatsachen meiner Terrasse, bewundere den kleinen Krokus, den schon die alten Griechen so genannt haben und erfreue mich des neuen Reichtums meines englischen Rasens, der nun mit einer krönenden Kulturpflanze aus dem Reiche der Gewürze geadelt wurde. Der Safran ist ein Bruder des Krokus!

Die Natur hat sich für den Frühling entschieden, so wie sie sich immer wieder für ihre eigenen Gesetze entscheiden wird.

Welch ein Glück für uns!

LITERATURHINWEISE

1. Erich Kästner 1899–1974, Schriftsteller
»Doktor Erich Kästners Lyrische Hausapotheke«, »Bei Durchsicht meiner Bücher«, »Herz auf Taille«, »Ein Mann gibt Auskunft« u. a. erschienen im dtv, Deutscher Taschenbuch Verlag.

2. Ephraim Kishon geb. 1924–2005, Schriftsteller
»Der Blaumilchkanal. Satirische Szenen«
erschienen im dtv, Deutscher Taschenbuch Verlag.

Ebenfalls erhältlich:

Heinrich Labentsch

TOTEN DICHTERN FOLGT MAN NICHT

...es sei denn, man hat Tucholskys »Schloss Gripsholm« gelesen

Eine frühlingshafte Erzählung

»Gen Norden, den Vögeln nach« … sowie den Dichtern vergangener Tage

Zwei Liebende fallen sich am Bahnsteig in die Arme – und doch beginnt die Reise hier erst. Auf den Spuren Tucholskys machen sich Peter und seine Geliebte Lydia auf den Weg nach Norden, mieten eine preiswerte Unterkunft und genießen eine unbeschwerte Zeit der Zweisamkeit. Heinrich Labentsch' Erzählung ist eine gewitzte »Frühlingsgeschichte«:

Amüsant und voller Augenblicke der Leichtigkeit folgt seine Erzählung dem unbeschwerten literarischen Vorbild »Schloss Gripsholm«. Idyllisch lieben die Protagonisten sich und den Frühling und lassen in alter Tucholsky-Manier die Seele baumeln.

208 S., Paperback, ISBN 978-3-95780-138-8